2021 年浙江省教育厅科研项目（项目编号：Y202147244；项目名称：数字时代高职学生学习支持服务模式研究）

数字时代教学资源建设赋能学习支持服务研究

林化亮　著

中国原子能出版社

图书在版编目（CIP）数据

数字时代教学资源建设赋能学习支持服务研究 / 林
化亮著. -- 北京：中国原子能出版社，2022.12
ISBN 978-7-5221-2552-7

Ⅰ.①数… Ⅱ.①林… Ⅲ.①网络教育—教育研究
Ⅳ.①G434

中国版本图书馆CIP数据核字(2022)第235383号

内容简介

　　步入数字时代，网络教育作为一种能延伸拓展学习时空的教育形式越来越受到教育人士的普遍关注。学习支持服务是伴随着远程教育的勃兴而逐渐形成和发展起来的。网络教育学习支持服务是一项复杂的系统工程，且涉及面广，要进行不断探索和实践。本书先对数字时代教学资源、学习支持服务进行了梳理，进而对教学资源的应用、管理进行了研究，还对学习支持服务的质量监控、评估与改进做了阐述，分析了学习支持环境的构成、学生支持与实践创新，并做了最后的总结，促进教学资源更好地为实际教学系统服务，为学习支持服务体系打下良好基础。

数字时代教学资源建设赋能学习支持服务研究

出版发行	中国原子能出版社（北京市海淀区阜成路43号　100048）	
责任编辑	王　蕾	
装帧设计	河北优盛文化传播有限公司	
责任校对	冯莲凤	
责任印制	赵　明	
印　　刷	北京天恒嘉业印刷有限公司	
开　　本	710 mm×1000 mm　1/16	
印　　张	13.25	
字　　数	220千字	
版　　次	2022年12月第1版　　2022年12月第1次印刷	
书　　号	ISBN 978-7-5221-2552-7　　定　价　78.00元	

前　言

preface

随着数字时代的全面开启，我国教育事业的发展也步入新的阶段，远程教育成为我国教育体系中的重要组成部分，为全面建设中国特色社会主义现代化国家起到至关重要的推动作用。其间，新技术无疑发挥出强大的技术赋能作用，确保教学资源建设的学习支持服务作用达到最大化。但毋庸置疑的是，数字时代的到来既意味着迎来新的发展机遇，又意味着迎接前所未有的巨大挑战，教学资源建设势必要发挥出决定性的作用，全面强化学生学习支持服务无疑是关键中的关键。面对这一时代背景，本书的创作就以此为视角进行系统研究，主要包括理论基础、教学资源分析、教学资源管理、资源管理导向支持服务、学习支持服务评估、数字时代教学资源对学生学习支持服务的理论贡献、成功案例等模块，其研究思路在于先明确相关理论基础，随后针对教学资源、数字教学资源、学习支持服务相关内容作出系统概述，之后再针对数字资源建设对学习支持服务的理论贡献加以明确，并通过成功的案例加以论证，最后提出研究目标、设计理念、设计方案、研究技术路线、研究采用的方法，并结合学生学习支持服务创新案例，对教学资源应用过程、应用方式、管理路径创新的实现作出明确阐述。具体而言，本书主要包括以下六个部分。

本书第一章为绪论部分，主要针对数字时代大背景，以及该时代背景下对学习支持服务提出的具体要求进行了阐述，明确当前乃至未来教学资源建设与发展所面临的新机遇和新挑战。

本书第二章为理论基础部分，主要就当前国内外关于数字时代以及学习支持服务领域的研究情况进行整理与归纳，明确学术界关于该领域的相关概念界定，从中获得具有启发、借鉴、参考价值的学术观点和理论基础。

本书第三章为研究方案设计部分，主要从确立研究目标、教学资源体系建设与发展的理念、具体实施方案三方面入手，构建系统性极强的研究思路。随后思考研究过程采用的方法，从而确保研究成果能够顺利得出。

本书第四章为经验总结部分，主要针对以往教学资源设计、获取、处理、应用的一般流程加以概述，从中找出教学资源产生和应用的过程，并且体现出应用效果。

本书第五章为实证研究部分，主要针对当前教学资源应用与管理，以及应用效果的呈现进行调查取证，所采用的方法为问卷调查和教师访谈，从中说明教学资源应用与管理的现实情况，并找到全面增强其学习支持服务价值的重要突破口。

本书第六章至第九章为成果形成部分。

第六章主要针对资源管理导向下的支持服务进行了明确研究，其主要从资源支持服务、技术支持服务、环境支持服务、管理支持服务、交互支持服务五方面入手，最终突出资源管理在赋能学习支持服务中的作用。

第七章主要针对学习支持服务进行了深层次研究，从学习资源服务、学习过程服务、学习设施与技术服务三方面明确学习支持服务所要关注的焦点，进而让数字时代教学资源建设赋能学习支持服务的必然条件更加明确。

第八章主要针对学习支持服务评估与服务环境进行深入研究，指明评估体系建设和服务环境建设在赋能学习支持服务中的作用和意义。其间，学习支持服务评估主要以质量监控、质量评估、信息反馈和改进三方面为重点，服务环境的形成过程则是围绕环境设计、设计原则、环境构建来逐步实现，确保数字时代教学资源建设赋能学习支持服务达到最大化。

第九章主要通过实际案例对学生支持服务创新作出明确阐述，其中包括教学资源应用过程创新的实现、教学资源应用方式创新的实现、教学资源管理路径创新的实现三部分，并对数字时代教学资源建设对学生学习支持的理论贡献作出明确阐述，确保数字时代教学资源建设赋能学习支持服务的实践价值和理论价值能充分体现出来。

目 录

contents

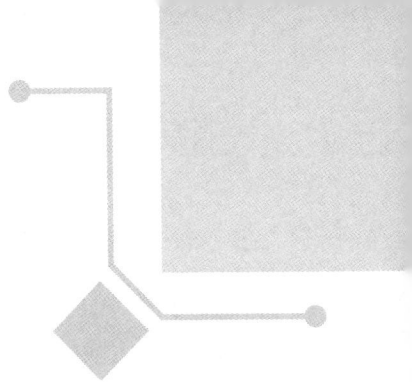

第一章　绪　论

"数字时代"已经成为当今时代的代名词，在该时代背景下，信息资源逐步实现数字化，信息资源的挖掘、整理、存储、应用、共享效果实现最大化，社会各个领域也会因数字时代的到来实现又好又快发展目标。正所谓"百年大计，教育为本"，数字时代的到来更要将推进教育事业始终保持又好又快发展作为重中之重，充分利用现代技术构建极具实用性、丰富性、创新性的教学资源体系成为关键一环。所谓的"教学资源"，指的是能够助力"教"与"学"活动顺利开展，并最终达到理想效果的一切资源。随着信息技术迅猛发展，数字时代已经来临，充分利用各项条件，不断优化教学资源设计、开发、管理、共享、应用环节，由此方可确保学习支持服务作用实现最大化，而这也正是数字时代背景下教育资源赋能学习支持服务的一种具体表现，值得广大教育工作者和有关学者深思。

第一节　教学资源的时代背景

从定义角度来看，教学资源可以概括为促进教学活动有效开展，并推动教学效果达到预期目标的素材总称。在各个时代背景之下，教学资源的建设与发展发挥着不同的作用与价值。在数字时代背景下，教学资源建设与发展迎来了新的机遇与挑战，本节就立足教学资源的时代背景进行分析，从而为教学资源未来发展判断出准确方向。

一、数字时代教学资源建设迎来的机遇和挑战

数字时代的全面开启，意味着各领域资源能够得到最大程度共享，资源价值能够得到最大限度体现，教学资源也不例外，这揭示着教学资源建设在数字时代开启了新的篇章。在这里，明确时代赋予教学资源建设的机遇和挑战应该放在第一位，因为客观了解时代背景是顺应时代发展的根本前提，本节就围绕"机遇"和"挑战"进行阐述，最终提出极度可行的数字时代教学资源建设新构想。

（一）数字时代教学资源建设迎来的机遇

数字时代颠覆了人们对"资源"的固有认知，无论是在资源的类型上，还是在资源的内容上，都呈现出极度丰富的特征，这无疑为教学资源建设提供了更为广阔的空间。其具体体现在三个方面。

1.技术层面的发展

技术发展是推动社会进步的根本动力之一，在数字时代背景下，教学资源建设在技术层面上已经有了显著提升，"云技术""数据库"已经成为教学资源建设的技术主体，为"教"和"学"工作的高质量运行提供强有力的支撑和服务条件。

2.管理层面的提升

教学资源管理作为教学资源建设的关键环节，是教学资源在设计、存储、应用、加工处理（创新）方面始终处于高效率的重要保障。在数字时代背景下，教学资源管理水平已明显提升，在管理制度和管理措施方面都在不断进行完善，使教学资源具有类型丰富、适用性极强、作用效果极佳的特点。

3.元素的多元化

数字时代意味着信息的高度开放，一切有利于教学活动开展的元素都可以进行有效融合，实现教学资源的创新，这样资源的新颖程度、适用程度、丰富程度势必会得到前所未有的提高。

（二）数字时代教学资源建设面对的挑战

"信息化"与"数字化"密不可分，前者是实现后者必然经历的过程。随着我国信息化进程不断加快，我国迎来了数字化时代。在该时代背景下，教学资源建设不仅迎来了前所未有的发展机遇，更有诸多挑战需要面对。其具体包括三个方面。

1.教学资源要实现前所未有的共享

资源共享是数字时代的典型特征这不仅要求广泛收集、深刻分析、有效存储信息，更重要的是要全面提升信息本身的流动性。在该时代背景下，资源共享成为数字资源建设的重要追求，而这显然在技术层面对教学资源建设提出了严峻挑战。

2.教学资源的价值要实现最大限度挖掘

价值的最大化是各项活动开展的最终目标，在数字时代背景下的教学资源建设中也不例外。但从教学资源设计与开发开始，直到教学资源进入加工与处理，甚至被清理的阶段，都需要对教学资源固有的价值进行深入挖掘，而这无疑对教学资源建设提出了严峻的挑战。

3.资源的丰富性要始终保持

资源的丰富性是确保教学资源实现优势互补的重要举措，更是全面提高教学资源使用效率的重要因素。在数字时代背景下，教学资源建设已经拥有了极为理想的平台，但如何才能确保教学资源的丰富性不断提升，依然需要不断加以深入思考，思考过程也会伴随教学资源建设全过程。

（三）数字时代教学资源建设的新构想

面对数字时代为教学资源建设带来前所未有的机遇和严峻挑战，教学资源建设的方案必须具备高度的系统性，其具体构想包括四个方面，如图 1-1 所示。

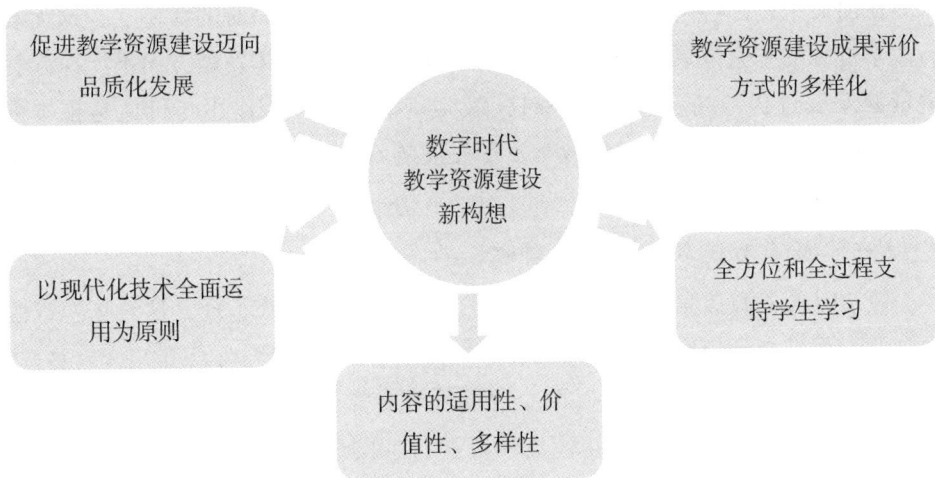

图 1-1 数字时代教学资源建设构想图

1.教学资源建设目标方面

要以学生学习过程与成果的品质化提升为目标，确保教学资源设计与开发、存储与传输、应用与加工始终能够为学生学习活动的高质量开展提供服务，从而促进学生学习过程与成果趋于理想化。

2.教学资源建设原则方面

数字时代以"大数据""云计算""云存储"等为主要特点，教学资源建设方面不仅要做到资源数量剧增，更要在资源本身的作用和价值方面达到前所未有的高度。对此，同步性、完整性、创设情境、便捷性、人机交互性、协调互补性就成为教学资源建设的基本原则。

3.教学资源建设内容方面

课件的编写、视频的制作、动画的制作、文本的编辑、图片的制作、音频的制作是教学资源建设的主要内容。在数字资源建设中，要强调内容的合理性、效果的清晰性、应用的高效性，以此确保教学资源能够为引导和启发学生学习，以及促进学生学习资源的使用提供支持作用。

4.教学资源建设成果评价方面

在成果评价方面，要采用教师评价、学生评价、社会评价相结合的方式，确保教学资源建设过程与成果能够得到及时反馈。

二、数字时代教学资源的发展

在前文中，已经明确提出数字时代教学资源建设所面对的新挑战，这无疑为教学资源的未来发展指明了总体方向。但是，明确总体发展方向不能撑起教学资源发展过程，高度明确数字时代教学资源的特征、作用与价值是根本前提，由此才能判断出数字时代教学资源发展的具体方向，确立具体目标，制定出详细的发展规划。

（一）数字时代教学资源的特征

数字时代资源信息是以"0"和"1"的排列组合形式呈现，这意味着资源本身的承载量会大幅度增加，并且在"大数据""云计算""云存储""云共享"的技术支持下，"教"和"学"两个层面能够有充足的资源作为支撑，并为之提供服务。这无疑是对数字时代教学资源特征的总体概括，而具体特征和表现，笔者会在下表中进行说明（表1-1）。

表 1-1 数字时代教学资源特征

特 征	具体表现
类型多样	课件、多媒体素材、真实案例，以及有趣的视频、音频、动画
高度共享	教学资源能够广泛进入到教师和学生的终端设备
传递便捷	资源获取速度快并能做到存储路径高度合理
应用高效	具有高度引领和启发学生学习的作用

通过表 1-1 呈现出的教学资源特征来看，与当今时代教育发展的初衷高度吻合，都是以学生为主体，更加突出教学资源本身的适用性、便捷性、作用性和价值性，让教学资源成为学生学习活动有效开展的"加速剂"，让学生学的形式更加有效，让资源的引导和启发作用大于教师所提供的引导和启发作用，展现教学资源在学生学习活动中的主导地位，具体阐述如下。

1. 类型多样

从功能性角度来划分，数字化教学资源可以分为教学素材和辅助程序两种类型，前者主要包括文字、图片、视频、动画等多媒体教学资源，后者主要是指帮助学生在学习过程中解决实际问题的辅助手段，如词条检索、关键词搜索等，满足学生在学习活动中的各种需要。

2. 高度共享

从数字化教学资源的定义角度出发，其主要是指经过数字处理可以在计算机或网络中运用的教学资源，网络共享是数字化教学资源必须具备的特征，也是实现教学资源受众范围最大化的基本特征。

3. 传递便捷

网络是信息传递最为便捷的途径，故而一切活动通过网络途径开展必然会实现以最快的速度将信息传递下去，也会以最快的速度获得信息反馈。这可以看出，在数字时代背景下，数字化教学资源在教学活动中的传播速度最快，有助于学生与教师之间及时进行教学互动。

4. 应用高效

数字化教学资源的产生就是为了让各种类型教学资源在任何教学活动中都能得到广泛应用，所以其适用性和实用性能够得到充分保证，这能够说明数字化教学资源本身的应用效率极高，在教学活动中的应用效果十分理想。

（二）数字时代教学资源的作用与价值体现

数字时代对教学资源建设带来的机遇和提出的挑战均前所未有，这标志着在该时代背景下，教学资源建设在具体应用中必然会有超出寻常的作用和价值。

1.作用体现

根据数字时代教学资源的基本特征，可以看出教学资源建设与发展要以方便学生学习，并且方便学生进行自主学习、深度学习、高效学习为主要目的，教学资源设计、开发、存储、传输、应用过程要真正做到"以学生为本"，这充分彰显出数字时代教学资源对学生学习的支持作用和服务作用。具体内容如下。

（1）有助于学习情境的创设

学习情境的创设在任何教学活动中都极为重要，是学生燃起学习欲望并顺利理解和接受新知识的起点，所以必须借助各种教学资源帮助学生创设出理想的学习情境，高校远程教育教学活动自是如此。另外，从当前教育教学活动的技术应用层面出发，微课、双师课堂、慕课等教学模式相继出现，教学资源显然要迈向"无形化"，数字教学资源的获取与使用显然能够满足教育技术层面所提出的要求，故而能为学生创设理想学习情境提供强有力的帮助。

（2）有助于将抽象的教学内容变得直观化

从当前课程教学方法来看，探究式教学、启发式教学、研究式教学等成为当今教育教学活动主要采用的教学方法，其目的是要让学生成为学习活动的主体，始终保持自主学习的状态。但就学习内容来看，并不是所有的学习内容都能够通过真实存在的资源加以说明，帮助学生有效理解新知识，而是需要学生通过在脑海中的想象过程加以理解，而这一过程也会造成学生难以理解知识点、学习效率低等问题出现，进而导致学生学习的积极性和主动性逐渐下降。数字教学资源则能有效解决这一弊端。究其原因主要是此类教学资源具有虚拟性特征，只需要电子终端设备就能将其展现在学生面前，让看似难以理解的新知识和新内容变得更加直观化，由此为学生学习活动的顺利进行带来启发，促进知识内化的同时，使学生学习效率不断提升。

（3）有助于学生学习资源总量的剧增

学习资源是辅助学生有效开展学习活动的重要条件，其量的大小直接决定辅助学生学习的效果能否达到预期目标，故而广大教育工作者在教育研究与实践工作中，普遍将深入挖掘学生学习资源视为一项重要工作内容。在数字时代背景下，教学资源呈现出数字化新特征，一系列具有代表性的学习资源相继出现，不仅能够弥补学习资源种类单一、作用固化、获得过程较为烦琐等方面的劣势，还能确保存储和使用过程简便快捷，使学生学习资源总量剧增，让学生有效开展学习活动能够拥有强大的辅助力。

（4）有助于使用途径的极大程度拓展

学生在学习活动中往往都是通过教师获得相关的学习资源，所以就导致在不同的教学形式下学生未必能充分获得学习资源，进而造成学生学习活动效果不理想的情况。数字化学习资源可以让该不理想情况得到有效转变，因为学习资源以课件、多媒体素材、真实案例，以及有趣的视频、音频、动画为主，线下教学可以通过现代教育技术传递给学生，远程线上教育可以通过教学平台推送给学生，在使用学习资源时不受时间和空间的限制，从而在极大程度上满足学生学习的需要，自主学习由此也拥有极为理想的支持条件。

2.价值体现

数字时代背景下，教学资源的发展强调应用价值最大化，同时能积极推动教学资源的创新，力求学生能够改变传统的学习观念，提高学习的主动性，从而彰显教学资源全方位服务学生和支持学生学习活动的特点，让教学资源本身具有的时代价值充分彰显出来，具体表现如下。

（1）对实操类学习活动有示范作用

在教学过程中，实操环节是必不可少的部分，也是学生知识转化和技能形成必经的过程。在这一过程之中，如果只依靠教师的语言描述，显然会影响教学直观性，不利于学生理解和掌握新知识，进而会影响学生学习效率。特别是在远程教育活动中，该做法在学生学习活动中的影响更为明显。而数字时代教学资源主要是以虚拟的多媒体素材、有趣的视频、具有感染力的音频资料等为主体，让实操流程能够以最直观的形式呈现在学生面前，帮助学生直接了解学习活动究竟要做什么和怎么做，由此达到提升学生实操技能水平的目的。

（2）互动教学方式的拓展性更强

互动教学作为教学活动的主要形式，是实现"教"与"学"相交融必须具备的基本条件。其间，教师"教"的过程真正融入学生"学"的过程需要足够的"融合剂"，数字化教学资源就是最具代表性的"融合剂"。因为数字化教学资源承载的素材极为丰富，必然会存在师生普遍关注的焦点元素，这就意味着互动话题的顺利产生和交流过程的即将出现，由此教学活动的互动方式更为多样，为学生学习活动的全面开展提供有力支持和服务。

（3）文化传播的促进作用能够得到体现

从当前教育工作的基本任务和目标角度出发可知，"全面提升学生文化自信"是新时代赋予每一位教育工作者的新任务、新使命、新责任，所以从教学资源角度入手促进学生文化自信的提升，成为每一位教育工作者重点思考的问题。特别是在远程教育活动中，全面提高教育对象文化自信是一项艰巨的任务，数字化教学资源无疑能够助力广大远程教育工作者完成好这一项重要任务、履行好这一重要使命。

（三）数字时代教学资源发展方向的判断

由于数字时代对教学资源建设与发展提出的新要求非常明确，所以以此为契机进行教学资源发展方向的判断，更有利于教学资源适应学生未来学习的需要，从而在应用中充分显现出教学资源的时代作用和价值。接下来，笔者就针对数字时代背景下的教学资源发展方向加以说明，具体如表 1-2 所示。

表 1-2　数字时代教学资源发展方向与说明

发展方向	具体说明
全面满足学生学习需要	教学资源对学生具有高度的普适性
服务学生个性化发展	能够满足个别学生学习的具体特点
促进学生自主、高效、深度学习	教学资源的带动性、促进性、启发性明显

通过表 1-2 关于数字时代教学资源发展方向的说明不难看出，未来教学资源涉猎范围极广，能够在极大程度上满足学生学习过程中的总体需求，还能够结合学生学习过程中的明显特点，有针对性为学生提供相应的引导和启发，而且教学资源的普适性和个性化更为突出，帮助学生始终处于自主、高效、深度学习的状态，让学生知识基础、技能水平、能力发展、素养培育能够得到夯实，并形成有效的知识拓展、技能延伸、能力外延、素养深化。具体而言，主要体现在以下三方面。

1. 学生关注的焦点深入融合数字教学资源

众所周知，教学资源经过数字化处理后的信息承载量更大，如视频、动画、图片、声音等资源类型都会呈现在教学资源库之中，根据学生学习的特点选择与之相关的教学资源，必然会全面提高教学资源的普适程度，能够为学生更好地进入和保持学习状态提供有效服务。

2. 应用的便捷性必将大幅度提升

众所周知，学习者之间无论是在知识的理解与接受能力上，还是在日常学习习惯上都会存在一定的差异性，所以在学习资源的关注视角上也会存在一定的差异性。数字时代背景下的教学资源发展中，类型和功能的多样化是发展的必然趋势，从中满足学生在不同时间、不同空间、不同学习习惯作用下的学习需要。而其便捷性恰恰能够说明数字化教学资源能够满足个别学生的学习需要。

3. 教学资源的实时性特征不断凸显

众所周知，"教育即生活"是一种有效的教育理念，教学活动的有效开展必须立足生活实际，由此才能确保学生的学习效果达到最佳。因此，教学资源的开发往往以贴近学生日常生活实际作为最基本的原则。在数字时代背景之下，经过数字化处理的教学资源更要将其视为一项基本要求。由于数字化处理过程能够确保多种元素相融合，让以往看似不可能组合在一起的资源要素有效结合起来，如在真实案例中增加相关的音频素材等，进而让教学资源具有带动性、促进性、启发性的特征。

三、数字时代教学资源建设的新要求

数字时代是信息时代发展的产物，也标志着时代发展进入了新的历史阶段。在该时代背景之下，信息资源的效用将得到最大限度发挥，也为新资源建设提出了新的要求，教学资源建设更是如此。接下来，笔者就结合数字时代教学资源建设的新要求进行分析，为学习支持服务的进一步深化明确新方向。

（一）新要求的划分

就数字时代教学资源建设的总体要求来看，新要求主要体现在教学资源的设计与开发层面，具体可以划分为两个方面。

1.教学资源的设计要以资源优势互补为主要出发点

在设计教学资源时，要客观了解学生学习过程中的总体需要，以及教学活动中的具体特点，做到学生学习时的整体需要能够得到满足（如材料内容更加新颖、表现形式有所不同），同时个别需求也能得到重视（如知识点的延伸等），确保学生学习效果的最大化。

2.教学资源的开发要结合学生学习的特点实现创新

由于学生在知识理解、接受、掌握、内化方面的规律大致相同，而在能力水平方面存在明显的差异性，所以要结合具体的差异性表现进行教学资源类型的创新，帮助学生在学习的各个阶段都能顺利达到预期目标。

（二）新要求的内容与实质

数字时代强调教学资源的应用价值最大化，具体表现就是资源本身在类型、作用、价值方面要满足学生一切的学习需要，为学生提供无形的引导和启发作用，进而达到支持和服务学生学习的目的。对此，在教学资源建设方面所提出的新要求也极为明确，新要求的实质也需要进行深入的分析，下表（表1-3）则针对其进行系统概括。

表1-3 数字时代教学资源建设新要求与实质

具体新要求	新要求的实质
设计的一体化	要结合教学设计、课程大纲、学科要求来设计教学资源
系统化思考	要针对教师"教"和学生"学"的过程思考开发路径
模块化布局	教学资源的模块结构高度完善并实现优势互补
文字简洁	文字表达要清晰明了
重点明确	信息的内容呈现要体现出重点所在

通过表1-3的概述可以看出，在数字时代背景之下，教学资源建设与传统教学资源建设的出发点存在明显不同，不仅要求资源种类更加丰富，同时在教学资源设计与开发过程中的依据更加明确。除此之外，要求资源传达的信息更加简单明确，提高教师与学生对资源意图理解的直观性，从而保证教学资源能够为学生学习提供最有效的支持，进而服务学生自主学习和深度学习的过程，确保学习的高效性。

（三）新要求的意义

总览数字时代教学资源建设要面对的新要求，能够深刻体会到教学资源建设更加主张教学资源在教学活动中的主导地位。

具体而言，教师在教学活动中要结合教学资源进行新知识的渗透和新技能的培养，使学生自主进行能力与素养的培育。学生要借助学习资源去分析、去发现、去提出、去解决实际问题，教师要适当结合学习资源为学生提供相应的引导和启发，让学生能够从中收获更多的经验与观点。这一过程既让学生占据了教学活动的主体地位，也让教学资源和学习资源成为学生开展学习活动的主导，为学生搭建自主学习空间和探究学习空间的同时，还能形成积极有效的师生互动，确保学生以最快的速度掌握学习重点和攻破学习难点。

第二节 学习支持服务的要求

学习支持服务是远程教育始终保持可持续、又好又快发展的关键条件。特别是在全面开启的数字时代，远程教育既迎来了前所未有的发展机遇，也对"学习支持服务"提出了诸多新的要求。本节就结合学习支持服务的必然条件，针对学习支持服务的新要求进行深入挖掘。

一、"教"与"学"的资源多样化

纵观当前我国远程教育发展的新局面，不仅取得了一系列伟大成就，也将面临一系列的挑战，其间当属"学习支持服务"所面临的挑战最为严峻，需要满足多个新要求。其中，"教"与"学"的资源多样化是最为基本的要求。本节就立足于此进行分析，明确实现"教"与"学"的资源多样化的必经之路。

（一）"教"的资源类型多样

"教"与"学"的过程通常会同时存在，学生"学"往往离不开教师"教"，因为教的过程并非单纯的知识传导，更重要的是帮助学生理解和接纳新知识的同时，促进学生知识的内化与拓展。

因此，"教"的资源往往会让学生在学习过程中先受到启发，随后深刻意识到"学"的资源价值所在，最终在"学"的资源中收获更多新知识，促成新技能的发展，以及能力与素养的提升。这就意味着在学习支持服务运行过程中，"教"的资源应做到类型上保持多样化，主要涉及媒体素材、试题、案例、试卷、网络课件、文献资料等，由此确保学生进入到学习活动后能以最快的速度进入到学习状态，并迅速了解学习的重点与难点，为学生运用学习资源攻克学习难点、实现知识的内化与拓展、提升相关能力与素养打下坚实基础。

（二）"学"的资源高度丰富

"学"的资源可概括为学习资源，主要是指在学生学习活动中可以直接或间接利用的资源，无须教师进行引导和启发就能从中得到收获的资源。该资源的应用往往可减少教学活动中教师讲述的过程，帮助学生以最快的速度进入到自主学习状态，主动增加学习的深度和提高学习的效率。

在此情形下，高度丰富学生"学"的资源就成为学习支持服务的必然要求，如何做到高度丰富是每一位学者需要深入思考的问题。在此之中，既要做到资源类型的丰富，又要让资源本身对学生知识强化、知识拓展、知识运用起到强有力的推动作用。对此，具有刺激学生自主进行知识强化、丰富学生知识面、帮助学生实现知识内化的资源就成为资源补充方向，为学生实现自主学习、深度学习、高效学习提供前提条件。

二、学习支持服务模式的系统性

"学习支持服务"的内涵涉猎范围较广，不仅仅局限于某一方面的服务，而是为学生学习提供一切服务的总称。"学习支持服务"通常以完整的模式来运行，为学生学习活动提供一切必要的服务，因此"系统性"就成为该模式构建与运行的基本要求，具体包括以下三个方面。

（一）以学习资源服务为前提要求

随着我国信息化发展进程不断加快，"资源"俨然成为人们在某一领域走向成功的关键，"资源主体性"思想也在各个领域发展中得到了高度认可。随着数字化时代的到来，"资源为王"的理念正在影响每一个企业、团体、组织、个人，深入挖掘资源更是成为日常活动的重点。

在学习支持服务的构建中，"学习资源"是资源的总称，资源的丰富性与适用性决定着学生学习的效率，既包括信息资源和人力资源，又包括设备与设施资源和技术资源。在数字时代背景之下，要想打造出具有系统性的学习支持服务模式，就要针对学习资源进行深入挖掘，不仅要确保学习资源结构的高度完善和内容的极度丰富，还要高度关注资源本身的适用性，进而为学生学习提供强有力的支持与服务作用，而这正是对"学习资源服务"的具体概括，也充分说明了学习资源服务必须作为学习支持服务模式的首要环节。

（二）以管理服务为重要保障

管理服务之所以能成为学习支持服务模式的重要组成部分，是因为管理服务既包括学习资源方面的管理，又包括学习环境和教师团队方面的管理，为学生开展高质量学习活动提供面面俱到的保障条件。

"管理"二字的根本意义就是让某一项活动能够有组织、有计划、有领导、有协调过程的顺利进行，因此管理工作也是各项活动得以顺利开展的重要保障。再从管理工作的作用层面来分析，除了保障活动全过程顺利进行这一根本作用，还能为活动实施过程提供强有力的支持与服务作用。所谓的"支持"，是指鼓励或援助，既可以体现在精神层面，又可以体现在行动层面。所谓的"服务"，是指为实现某一目标而履行其职责的过程，通常体现在思想和行为两方面。综合以上内涵的概括可以得出，在学习支持服务中，"管理服务"可以概括为通过管理制度和管理措施为学生学习提供的有力支持和服务。在管理制度方面，不仅要体现出规范性，更要明确作用主体，以求管理制度本身具有极强的适用性。在管理措施方面，要确保措施系统化，关乎学生学习活动的方方面面，为学生实现高度自主化学习、高效率学习、深层次学习提供极为有力的保障条件。

（三）以教师导学团队为重要促进条件

学习支持服务模式的运作过程既要有充足的资源供应、理想化的技术条件作为支撑、高度完善的管理制度和措施作为保障，还要有极度专业化的教师导学条件作为促进。上文中已经针对学习资源服务和管理服务两方面要求进行了具体阐述，之后将对教师导学团队所要面临的要求与挑战进行分析，具体包括两个方面。

1.资源的选择与获取

资源能否对学生学习产生积极的影响和带动作用，最为根本的前提在于教师能否正确选择和有效获取资源。其间，要结合学生日常学习资源使用的切实情况，了解学生对学习资源的理解和接受程度，判断学生在学习中对学习资源的需求方向，为引导和启发学生有效运用学习资源开展学习活动提供理想前提，这样学习支持服务的总体效果也会得到进一步提升。

2.借助资源有效引导和启发学生学习

资源选择的方向和获取的方式得以确定，随后教师要结合资源为学生提供有效的引导和启发，以保证学习资源能够真正辅助学生学习。此时，最为理想的方式莫过于结合学习资源的主题，与学生共同创设理想的学习情境，并设置互动话题，与学生之间形成双边交流与互动。另外，向学生明确探究学习项目，为学生内化知识与技能、提升能力与素质提供理想空间，为学生学习走向自主、高效、深度提供有力的支持与服务。

三、打造以资源为中心的学习共同体

在教育教学活动中，资源发挥的作用巨大。具体而言，资源应用的效果达到最佳，就说明"教"与"学"走向了成功。然而，没有教师高质量的教，就不会有学生高质量的学，因此有效围绕"资源"二字建立学习共同体就成为数字时代学习支持服务所要面对的新要求。

（一）"教"与"学"的过程相兼容

"素质教育"作为一种极度倡导学生主体性的教育模式，无论是在教育理念方面，还是在教育形式方面，都倡导教师能够进入学生"学"的活动之中，学生要能积极主动参与到教师"教"的过程，使学生真正成为学习的主人，而教师要为其提供一切服务。教的过程服务主要体现在两个方面。

第一，服务学生理解和接纳新知识。学生在学习活动中是以理解并接纳新知识为基本目的，所以一切教的活动都必须围绕该目的来开展，最有效的方法就是与学生共同创设学习情境，激发学生的学习兴趣，一步步带领学生接触新知识。

第二，服务学生掌握新知识。学生理解并接纳新知识是学会新知识和掌握新技能的基础，随即要通过与学生交流和互动的形式，帮助学生去掌握和夯实知识点，启发学生学会有效学习新知识的方法，进而达到促进学生有效掌握学习技能的目的，这一过程为学生完善知识与技能结构提供了有效的服务。

学的过程服务也体现在两个方面。

第一，帮助学生正确使用学习资源，实现新知识和新技能的内化。从成功教学活动最明显的特征层面出发，学生主动索取是共性特征，因此在学习支持服务过程中，必须将服务学生对知识主动索取放在第一位，也就是说，要通过一切手段帮助学生正确使用学习资源。这一过程不仅可以让学生的新知识、核

心技能得到内化，更能增强学生学习的自主性。

第二，促进学生利用学习资源拓展知识与技能。从"教"与"学"层面学到更多的新知识和掌握更多的新技能，无疑是教师和学生参与学习活动的最终追求，而将其转化为现实，则需要教师与学生共同努力，教师不仅要启发学生从学习资源中获得更多的知识，还要帮助学生掌握深度挖掘学习资源有效信息的方法使"教"与"学"相互兼容，打造出"学习共同体"。

（二）"教"的过程要以服务"学"的过程为目的

教育教学活动中，之所以将学生视为活动的主体，其根本原因就是教师作为施教的主体，发挥组织、引导、启发、决策的作用，学生作为学习的主体，负责知识的理解、接纳、内化、拓展。

但是后者单纯依靠自己很难达到目标，需要得到教师的帮助，而达到这一目的所采取的各项措施就是学习支持服务。其间，"教"服务"学"的过程是客观存，学生学的质量、学的速度、学的深度、学的自主性必然会得到全面增强，使"教"和"学"的过程成为有机整体，教学氛围更加和谐。此过程中，"教"与"学"的资源成为教师向学生提供服务的主要抓手，一切引导和启发都围绕"资源的有效利用"来开展，学习支持服务就此拥有了极为理想的平台，教师"教"的价值和学生"学"的效果实现最大化。

第三节　本章小结

数字时代为教学资源建设与发展提供了无限可能，赋能学习支持服务更是成为教学资源建设的主要方向。具体而言，无论是在教学资源建设的新要求方面，还是学习支持服务的要求方面，都充分体现了这一点。接下来，笔者就立足本章所研究的内容和观点作出系统性总结。

一、本章所阐述的主要内容

综合本章所阐述的观点可以看出，在数字时代背景下，教学资源建设与发展迎来了前所未有的机遇，为各项教学活动的高质量开展提供了极为便利的条件，"教"与"学"的形式和方法也呈现出多样化的趋势。

在此期间，教学资源为学习支持服务提供的赋能作用必须得到充分体现。

其中，在教学资源建设方面，提出了设计的一体化、系统化思考、模块化布局、文字简洁、重点明确五项具体要求，让学习支持服务的作用得到最大限度发挥。具体表现在"教"与"学"的资源多样化、学习支持服务模式的系统性、打造以资源为中心的学习共同体三方面。

二、本章所阐述的研究观点

结合本章所阐述的主要内容，笔者认为，面对数字时代对教学资源建设所提出的新要求，实现赋能学习支持服务的根本要接受前所未有的挑战，要做到满足"教"与"学"资源的多样化，更要将学习支持服务模式的系统化和打造出以资源为中心的学习共同体作为重中之重。其间，不仅要积极搜集、整理、分析、归纳国内学术界所提出的观点，还要放眼国际，对国外有关学术研究成果进行全面整理与分析，从中归纳和总结出可借鉴的研究观点与成果，力求数字时代教学资源建设赋能学习支持服务效果达到最佳。笔者在下一章节的论述中，就立足当前国内外研究的具体状况，以及相关概念的界定情况进行深入分析，从中找出对本书创作具有参考、借鉴、启发作用的学术观点。

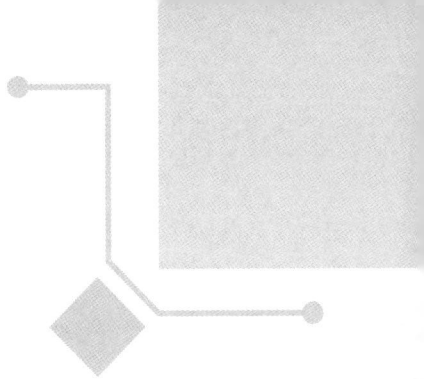

第二章　国内外研究综述与相关概念界定

教学资源建设是全面提高学生学习质量的根本保障条件和促进条件，能够为学生学习提供良好的支持与服务作用，因而国内外学者在教学资源建设以及学生学习支持服务方面不断进行深入的探索与研究。特别是在数字时代背景之下，全面提高教学资源建设水平是提升学生学习支持服务质量的关键渠道。因此，笔者就在创作的初始阶段，针对其国内外研究现状以及相关概念界定进行深入的了解，由此确保本书创作过程中的研究观点能够拥有较强的理论支撑。

第一节　国内研究综述

我国关于网络教学资源建设、学习支持服务方面的研究虽然起步较晚，但是已经取得了较为显著的研究成果，诸多学者提出的研究观点不仅极具代表性，也能为本书的创作提供坚实的理论基础。在本节中，笔者就立足我国学者在这两方面研究的具体情况进行系统整理与分析，具体研究现状如下。

一、网络课程资源建设研究综述

随着数字时代的全面开启，我国已经对网络课程资源建设方面引起了高度重视，并且也在这一领域取得了诸多研究成果，在 CNKI 中以"网络课程资源"为主题词，可以得到 292 条检索结果。在此基础上，分别以"建设"和"资源建设"为主题词，分别得到 16 013 条和 10 114 条检索结果。以"网络课程资源建设"为主题词，只得到 62 条检索结果。可见，学者倾向于在理论方面研究网络课程资源建设问题，缺乏对实践的关注，具体如图 2-1 所示。

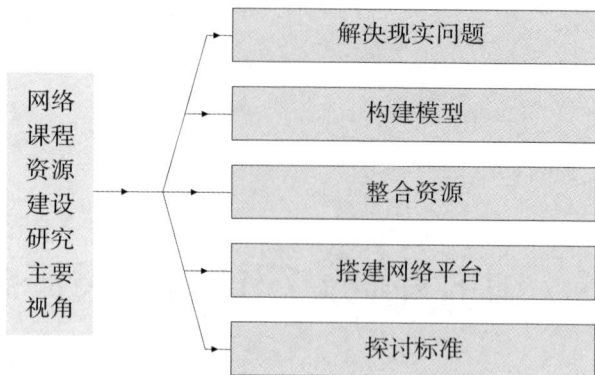

图 2-1　网络课程资源建设研究视角

　　笔者通过浏览相关文献标题和摘要发现，对网络课程资源建设的研究主要从解决现实问题、构建模型、整合资源、搭建网络平台和探讨标准五大方面展开。例如：2005 年王冲的《网络课程资源整合研究》借助资源整合来保障教育质量；2007 年王星飞的《基于网络的课程资源开发研究》探讨网络课程资源的系统设计问题；2007 年张天云的《基于 SCORM 的网络课程内容组织的研究与开发》基于 SCORM 相关标准来研究网络课程资源建设问题；2008 年胡三华的《立体化教学资源建设下的网络课程系统设计与开发》研究网络课程系统的模块化建设；2009 年章增安的《SOA 技术在网络课程资源共享中的应用研究》希望通过技术手段实现资源高度共享；2010 年王宁的《论视觉文化视角下的网络课程设计开发》解决了学习者使用网络课程资源时的视觉传达需求问题；2011 年李远航、秦丹的《基于 Web2.0 技术实现网络课程资源再生研究》借助 Blog、Wiki、Tag 等解决了网络课程建设中的交流交互问题；2011 年高凌燕、金向东的《基于 Moodle 的网络课程平台建设》希望借助 Moodle 平台将网络课程特色化等，笔者深入分析相关度较高的文献并将研究现状做如下阐述。

（一）资源建设需求

　　内容建设需求：教学活动组织和策略引导，测试练习功能完善，自评、互评等评价方式多样，视频点播。

　　资源管理需求：提高学习者利用资源的针对性和自觉度。

　　交流交互需求：资源上传、下载形式方便灵活，以课程为中心展开讨论研究。

（二）课程使用问题

资源呈现形式难以和预期的学习目标和任务相匹配，"学以致用"成为课程资源应用的难题；资源呈现形式固定、单一，难以满足学习者之间的差异，关注多种类、个性化的资源呈现成为课程建设的方向之一；忽视课程资源组建之后的后期维护工作，致使资源内容与现实脱节，陈旧的内容难以满足新的需要，课程资源的更新问题值得关注。

（三）资源环境支持问题

技术被单纯地看作信息传播手段，网络的作用没有充分体现出来；用于交互的论坛、聊天室等存在而无实用；教学活动设计出来而无实施；资源分类凌乱、无标准等在使用过程中才发现的诸多问题反映了网络课程资源建设过程的考虑不周。

上述问题在学习者身上表现为：学习者只被引导进行知识的积累，而没有对自主学习、合作、实践等能力进行培养；缺乏个性化的使用体验；难以全面了解自身的学习情况；学习过程中交流、交互困难，容易产生孤单、疲劳等负面情绪。

二、学习支持服务研究综述

就在国外学习支持服务研究逐渐走向成熟的同时，我国远程教育专家也纷纷开展了该领域的研究，但具有代表性的专著相对较少。其中，以丁兴富博士所著的一系列专著最具代表性，具体如图2-2所示。

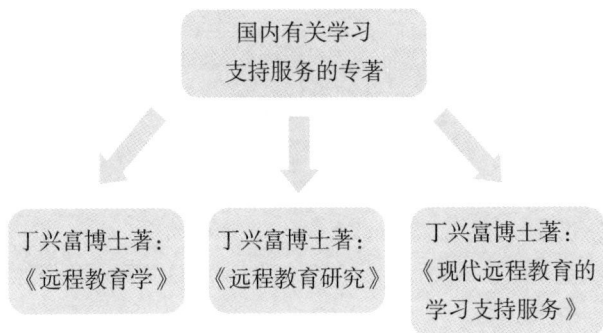

图2-2　国内关于学习支持服务的专著

我国最早关注学习支持服务研究的是丁兴富博士，图2-2中明确指出了他本人的三部著作。早在1997年，他就在其博士论文中对学习支持服务做了初步论述，之后在其《远程教育学》和《远程教育研究》专著中对学习支持服务进行了详细的论述。学者周蔚在《现代远程教育的学习支持服务》一书中，在实践基础上对学习支持服务专门进行了比较系统的研究。此后，众学者纷纷加入学习支持服务研究的队列，并注重理论与实践的结合，共同推动远程教育的发展。在实践上，我国自 1999 年实施"现代远程教育工程"以来，已有清华大学、北京大学等 68 所高校参与现代远程教育试点，并纷纷成立网络教育学院。中央电视大学作为我国远程教育的代表，已对现代远程学习支持服务进行了大量的探索和研究，建立中央、省级和基层三级学习支持服务系统，形成多层次、多样化的服务网络体系。2001 年，奥鹏远程教育中心依托中央电大现代远程教育公共服务体系正式成立。该中心接受各普通高校及教育培训机构的委托，统筹利用各地区已有教育资源，为全国范围内的招生、教学教务管理、学生事务管理等提供支持服务，为远程学习者提供标准化、专业化的支持服务体系。1998 年成立的中国人大网络教育学院，是我国目前规模较大的网络教育学院，也是国内首家完全采用网络教育模式以及学分制管理方式的远程教育办学机构。人大网院的特色主要表现如下：为学习者提供多样化的教学资源，其中包括通过网络发布学习资料，以及免费赠送教材配套的辅导光盘；依托网络进行教学过程以及学生学籍的管理，充分利用网络来促进教师和学生之间的沟通，并为学生提供人性化的学习支持服务。

另外，由于分类依据不同，目前还没有形成统一的分类方法。笔者通过文献查阅发现，国内学者通常将学术性学习支持服务作为主要依据，具体分类如图 2-3 所示。

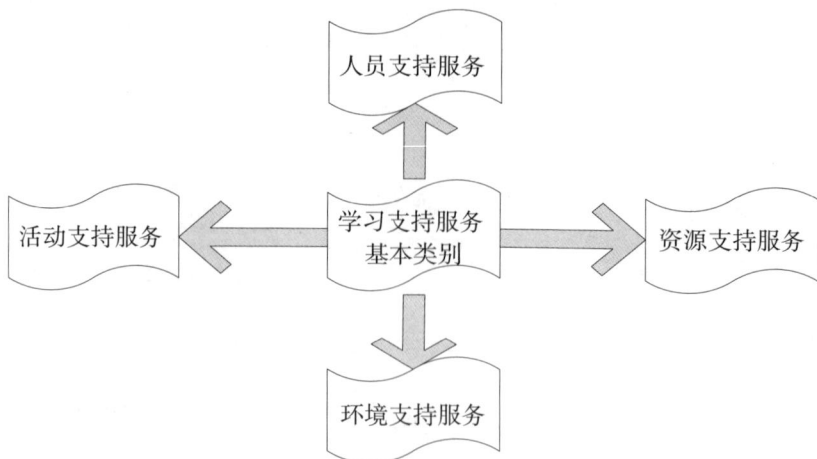

图 2-3　学习支持服务分类图

在图 2-3 中，笔者明确指出当前我国关于学习支持服务的研究主要体现在四个方面，并且明确指出每方面都属于一个类别，虽然作用体现形式存在一定的不同，但是最终的目的却高度一致，都是为了促进学生高效自主地学习。以下笔者就根据分类情况进行具体阐述。

（一）资源支持服务

学习资源是整个远程教育的基础，是维持各种学习活动的保障。现代远程教育中的资源指的是在教学活动中能被师生利用的物质能量信息的总和，主要包括各类系统软件、应用软件、教学软件以及教育信息资源等。资源支持服务主要包括对课上学习资源的支持、对课后辅导材料的支持以及对远程学习信息的支持。关于课上学习资源的支持服务，主要包括对教材的支持，提供电子教材、网络课件等资源；对课后辅导材料的支持，能够提供与课程相关的辅导材料，如题库、案例库等；对远程学习信息的支持，能提供课程信息查询、浏览等功能。

（二）活动支持服务

在远程教育过程中，教学活动一直贯穿教学过程始终。教学活动的设计应该以学生为主体，促进学生学习和交流，以提高学生的综合素质为根本目标，最终实现学生的全面发展。活动支持服务指的是为整个远程教育中的教学活动提供支持服务，包括课上教与学的支持、同步异步讨论的支持、教学辅导答疑的支持、作业与考试的支持服务等。在活动支持服务中，需要对教学活动制定规则、提供工具、进行评价等。

（三）人员支持服务

远程教育中的人员包括教师、学生、技术人员以及管理者。教师是课程资源的制作者、教学活动的组织者、教学信息的发布者。远程教育中的教师包括课堂讲授教师、课后辅导教师和助教。学生是教学活动的主体，是远程教育的中心，所以对学生的支持服务至关重要。技术人员主要负责教学硬件设施和软件环境的维护，并对网络的安全性和稳定性进行监控。管理者负责学生教务信息的管理，安排各项教学活动，保证整个远程教育有条不紊地进行下去。

（四）环境支持服务

远程教育中的环境包括硬件环境和软件环境，从这个角度来看，教学环境属于教学资源的一种。我们把教学环境单独列出，主要是因为教学环境是整个远程教育的支撑平台，是教学活动顺利进行的支架，环境支持服务对于学习支持服务意义重大。环境支持服务包括对硬件环境的支持和对软件环境的支持。硬件环境指的是与教学活动有关的物理硬件设施，如计算机设备、网络通信设施等。软件环境指的是支持教学活动的系统软件和工具软件，如交流工具、认知工具、效能工具、问题解决工具等。

综合以上学者研究过程中所总结出的观点，可以看出近十年来，研究者对学习支持服务系统的建设以及学习支持服务的个案调查与分析越来越关注，文献分别占总数的 25% 和 24%，对国内外学习支持的比较研究和学习支持服务的设计和应用研究大概持平，各占论文总数的 11%，而对学习支持服务的评价和发展趋势的研究相对较少，仅占论文总数的 6% 和 3%。虽然我国学者在借鉴世界各国的学习支持服务研究并结合我国远程教育发展经验基础上，已经对学习支持服务进行了多角度的探索和创新，但是考虑学习者的动机、心理、情感等因素的学习支持服务研究还相对较少，因此建设学习者为中心、以人为本的学习支持服务仍是远程教育研究的重点。

第二节　国外研究综述

从当前国外学者关于学习支持服务的研究情况来看，不难发现，主要以实践与理论两方面开展，实践层面主要以学生的各类需求为视角，理论层面主要围绕各类思想的实践应用来开展，从中获得较为宝贵的经验。同时，其研究观点也为本书的创作提供了重要理论支持。具体研究现状如下。

一、学习支持服务的研究现状

在本书编写工作开始之前，笔者针对国外关于学习支持服务的研究现状进行全面了解，通过"中国知网""万方数据平台""维普期刊"，以及学校电子图书馆等网络平台进行相关资料整理与分析，并且明确发现，英国开放大学的大卫·西沃特于 1978 年在其文章《远程学习系统对学生的持续关注》中，首次提出了学习支持服务的论述。他将学习支持定义为远程教育机构提供的服务，但并没有详细说明什么是学习支持。通过在 Web of Science 数据库中的核心合集 Science Citation Index Expanded（SCI-EXPANDED）和 Social

Sciences Citation Index（SSCI）搜索主题"Learning support services""Learning support""Learning service"，得到 562 篇相关文献。

（一）理论研究

在理论层面的研究中，学者郑仁盛（Insung Jung）和洪圣佑（Seongyoun Hong）采用系统的方法，对 ARCS 模型进行扩展、补充，提出了适合亚洲学习者的学习支持服务模型。该模型包括 5 个关键要素：情感支持、反思支持、认知支持、系统支持和性别支持。凯西·鲍威尔（Casey-Powell）和德博拉（Deborah）依据学习过程，将学习支持服务分为 5 个阶段：入学阶段、干预阶段、支持阶段、过渡阶段和评估阶段。为了明确学习支持与学校教学质量之间的关系，吉尔（Guill）等人通过调查德国初中阶段课后辅导在课堂上的作用，得出以下结论：希望学校校长和教育政策制定者监测课后私人补习情况，建议学校内部能够制订补习计划来提高学生学业成绩和满足父母对个性化教学的渴望。

另外，还需要高度明确的是任何领域各项研究工作从无到有，直至最终走向成功都必须有明确的理论基础作为支持，针对学习支持服务的研究工作而言，也是如此。国外诸多学者针对其理论基础进行了全面深化，具有代表性的研究观点主要有约翰·A.巴斯（John A. Bath）主张的"双向通信"理论、博瑞·霍姆伯格主张的"有指导的教学会谈"理论、鲁道夫·曼福德·德林（Rudolf Manford Deling）的帮助组织理论、大卫·西沃特的持续关注理论、迈克尔·G.穆尔（Michael G.Moore）的交互影响距离与学习者自主学习理论等。下图中所呈现的理论基础研究现状更为直观，具体内容如图 2-4 所示。

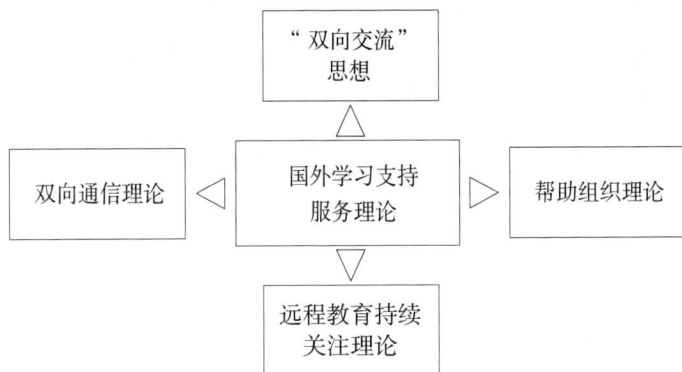

图 2-4 国外现有学习支持服务相关理论

结合图 2-4 中呈现出的理论基础得知国外众多学者经过不懈的实践活动，

已经有不少的成功案例相继出现，并被称之为典范，相继被学习和借鉴。例如，英国开放大学率先建立了一种学习支持服务体系。它的成功得益于学生本身就有正确的学习动机。在实践探索中，现代远程教育也暴露出 多种问题。不清楚学习支持服务的定义和功能，未能对学习者提供周到的支持服务，这是一个很重要的缘由。

1."双向交流"思想

约翰·A.巴斯第一次倡导将双向通信引入教育时提出这一思想。在他看来，不少教学模式均支持双向交流。基于教师的科学指导，双向交流已成为远程教育的根本，教师在交互中的作用不可忽视。

2.双向通信理论

双向通信理论也叫"有指导的教学会谈"理论，这一理论的代表人物是德国远程教育方法论教授博瑞·霍姆伯格。以约翰·A.巴斯提出的理论为前提，博瑞·霍姆伯格又对这种师生在时空上的分割和交流作了描述，并提出"非连续通信"。他表示在远程教育中，这种师生交流大多需利用非连续通信技术才能实现。也就是说，不仅要有学生和课程材料之间的人际交流会谈，还需以函件、计算机网络或是电话等手段来完成非面对面的各种教学会谈。

3.帮助组织理论

鲁道夫·曼福德·德林是提出帮助组织理论的代表人物。他认为远程教育是以人工信号为依托的多维系统，支持学习、通信。而远程教学机构则是其中重要的"帮助组织"。由此可以看出，德林主张削弱教师、教学组织的功能和作用，突出学习者的自我与独立性。"帮助组织"，即遵从学习者个人的愿望，允许他们自由地完成原来无法完成的事情。该理论认为，学习者才是远程教育真正的主体，是利用通信技术、人员、材料等配合学习者进行自主学习的教育载体。

4.远程教育持续关注理论

该理论是由大卫·西沃特提出的。大卫·西沃特是远程教育领域学习支持服务概念的创始人、持续关注理论的倡导者和实践者，他的"持续关注理论"在该领域中有超强的影响力，不仅是英国开放大学重要的哲学指导，也是大学学习支持服务的行动依据。大卫·西沃特表示，"持续关注理论"汇集了学习者、教师两者的联系。在远程教育期间，教师必须为学生提供学术性、非学术性两种不同的关注。在远程教育系统内，教育机构需要面向学生分配相应的学习材料，并且进行指导。但是，该过程也将出现很多难题，远程教育机构不仅要供应教学材料以及教学包，也应当为学生提供咨询或是相应的教学辅导。教学材料以及教学包，反映出对学生的一种学术性关注；而咨询以及教学辅导，则反映出对学生的一种非学术性关注。另外，对学生的这种关注必须是持续性的。这是由于远程教育中学生可能会碰到难以想象的困难，以此阻碍他们学习，甚至让其辍学。他们并非天生就懂得自主学习，其自学能力的提高也离不开远程教育机构以及教师的科学指导。故而，机构、教师有必要持续地关注学生，提供不同的学习支持服务。

（二）实践研究

在运用学习支持服务理论进行的实践研究中，学者博朱沃耶（Bojuwoye）采用定性的研究方法发现学校、教师和同学提供各种形式的学习支持给学生，这些学习支持通过解决学习障碍，创造有利的学习环境来增强学习者的自尊心和提高学习者的学习成绩，可以满足学习者的学业、社交和情感需求。学者布鲁金克（Bruggink）研究发现，主流的小学教育要求教师积极响应学生的各种需求。这里提到的学生需求不是学生的缺陷，而是学习者额外的需求。学者霍利特（Howlett）等人通过调查发现，大学和公共图书馆有机会共同努力，为当地学生提供服务，以支持当地学生的成功。

二、个性化学习的研究综述

个性化学习是学习支持服务中的重要组成部分，国外学者也针对这一领域进行了广泛的研究探索，所获得的研究成果能够为本书的创作提供重要的帮助。笔者在本书创作的准备阶段，通过运用"中国知网""万方数据平台""维普期刊"，以及学校电子图书馆等网络平台，在 Web of Science 数据库中的核心合集 Science Citation Index Expanded（SCI-EXPANDED）和 Social Sciences Citation Index（SSCI）搜索主题"Personalized Learning"或者"Personalised Learning"，得到 429 篇相关文献。同样，使用 Cite Space 对所有文献的关键词进行统计分析，除去 Personalized Learning（个性化学习）、education（教育）等本身搜索词外，得到排名前 20 的关键词，主要涉及的研究领域如图 2-5 所示。

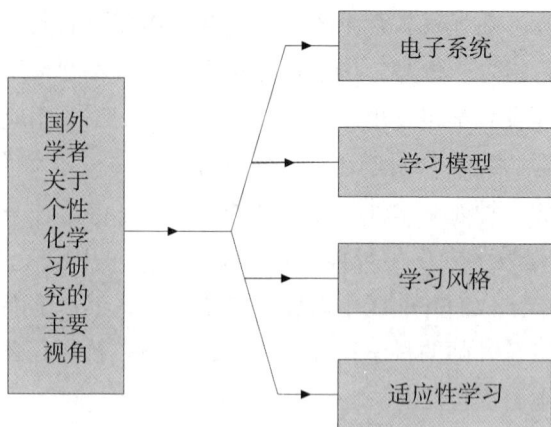

图 2-5 国外学者关于个性化学习研究的主要视角

除图 2-5 所呈现的主要研究视角，还有学者对学生学习方式和学习过程进行个性化学习研究，如佩雷拉（Perera）等人在马来西亚的一所大学中，通过一项行动研究说明了，教师间合作并通过混合式学习可以帮助学生更好地进行有意义的个性化学习，并且还可以帮助教师收集各方反馈，以便及时调整教学实践，更好地满足学生的学习需求。还有学者通过对两个国家的三批大专学生使用一款交互式软件发现，交互式软件的多媒体格式不仅增强了学生对学习材料的敏感度，也提高了学生和教师的数字能力，为学生建立了一个动态的在线学习社区，以帮助学生更好实现个性化学习。

并且，一部分学者通过使用学习分析技术、数据挖掘技术等为学生的个性化学习服务。例如，巴塔查尔吉（Bhattacharjee）等人设计了一个模拟人类固有的自然学习过程的模型，这个模型可以根据每个学生的需要来创建个性化的学习路径，并使用虚拟现实使学习更具沉浸感和可保持性。他们通过不同的案例进行实验研究，确定了其学习模型的有效性，且可以通过加强模拟定制来增强创造力。瓦尼莎（Vanitha）等人在一种协同优化算法下，利用蚁群优化算法的随机性和遗传算法的探索特征，为学生个性化学习路径的建立提供了最佳方案，并通过定性和定量的实验加以评估效果。

最后，挖掘学生学习数据，甄别学习风格是个性化学习的重要一环，许多研究者对此有深入的研究。例如，伊扎特（Ezzat）等人基于创建不同学习风格模型维度和相关学习者的学习风格之间的相互关系，解析了学习者的特征本体。解析的作用主要体现在以下四个方面：第一，能够帮助教师改进个性化学习内容；第二，可以根据学习者的学习特点和喜好向学习者推荐学习材料；第三，可以为教师和学习者提供有关如何提高他们的教学能力的广泛知识；第四，通过指定学习风格模型特征的语义，改善人与计算机之间的通信和交互。佩里西奇（Perisic）等人使用技术手段观察记录学生在学习过程中的行为和活动，并检测与特定学习风格相应的行为模式，以此动态确定学生的学习风格。通过实验组和对照组的对比，甄别学习风格，且可以访问个性化学习内容的实验组的学习效果得到提升，学生对该学习方式也有积极的反馈。

第三节 相关概念界定

在本书创作过程中，笔者针对数字时代、教学资源建设、学习支持服务几方面的相关核心概念进行了界定，确保本书研究过程中的核心观点高度准确，同样为本书创作的全过程提供了重要理论支撑。具体核心概念的界定如下。

一、数字时代的概念界定

随着数字时代的全面开启，各领域的研究活动都要以该时代背景为中心，如此方可确保未来发展的方向与时代发展大环境高度统一。基于此，笔者在本研究过程中就立足数字时代的相关核心概念进行界定。

（一）数字时代背景

计算机、互联网技术突飞猛进的发展带来前所未有的时代变化，"信息技术""数字技术"占据当今时代的主要地位，数字技术与社会经济、文化艺术以及人们的生活方式越来越密切，成为影响社会发展的重要因素。

（二）数字时代

20 世纪科学技术的发展速度远远超过了以前所有的时代。世界上第一台数字式电子计算机问世，成为人类科技史上具有深远意义的一个新起点。计算机、网络的出现，大大提高和扩展了人类交流信息的能力。20 世纪 90 年代以来，互联网极其迅速地延伸到我们这个星球的几乎每一个角落，"依仗创造性地、不断地外化知识和认知能力，人类已经为自身的生存和发展构筑起了一个新型的文化亚世界，它就是以互联网为代表的虚拟世界；毫无疑问，这个亚世界对人类的影响是全方位和史无前例的"①。

随着计算机网络技术的发展，人们不停地把信息资源灌入网络空间，这个虚拟世界正在迅速膨胀和复杂化，而创造这样一个虚拟世界正是人进化（包括生物进化和文化进化）的一部分，随着人不断创造文化，人进化的复杂性也不断上升②。

人的本质是一切社会关系的总和，所以个体的进化与社会的进化紧紧关联在一起。随着文化世界的不断膨胀，社会结构和进化越来越复杂。由于构成文化世界的知识（尤其是科学知识）具有很强的继承性，如果个体要想对文化世界有所贡献，想对社会进化施加更大影响，就必须掌握文化世界中的更多内容。然而，个体的学习能力在很大程度上受生物进化支配，不可能发生突变，而且随着年龄的增长，学习能力会减弱，加上人的生命也是有限的，终身学习不可避免，所以还存在其他两条重要且有效的途径：专业化和发明各种能增强学习能力的工具。

二、教学资源建设相关概念界定

教学资源建设是全面促进教学质量发展的重要推动力，也是极为重要的保障力。在数字时代背景下，要将教学资源建设的相关概念加以高度明确，如此方可保证教学资源建设与时代发展背景相一致，确保教学活动的质量能够全面提升。

（一）教学资源

教学资源是指主要由国家财政负担，并且能为绝大多数学生或教师共同消费或享用的教学基础设施、实验科研设备、教学网络资源等。有别于公共产品，在一定条件下具有竞争性和排他性，其从严格意义上讲，属于准公共产品的范畴。教学资源主要包括"硬件资源"和"软件资源"两大类。其中，前者主要涉及实验科研资源（实验仪器设备、科研仪器设备）和教学基础平台（多媒体教室、实验室、公共计算机房、语音室），后者主要包括与教学相关的软件平台，如教务系统、精品课程、MOOC、微博、微信、远程教育平台等。

（二）教学资源建设

就当前而言，我国相关规定中，针对教学资源建设提出了具体要求，明确

---

① 郦全民.用计算的观点看世界[M].广州：中山大学出版社，2009:95.
② 郦全民.用计算的观点看世界[M].广州：中山大学出版社，2009:205-206.

指出教学资源建设必须包括几个层次，并且针对每个层次的具体涵盖内容作出了明确规定，具体层次划分如图 2-6 所示。

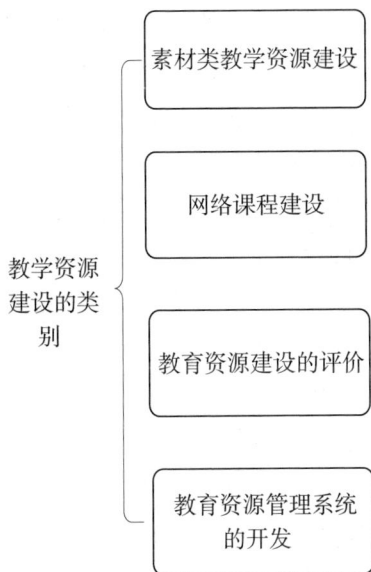

图 2-6　教学资源建设的层次划分

在图 2-6 中，教育资源建设被划分为四个层面：一是素材类教学资源建设，围绕试题库、试卷素材、媒体素材、文献素材、课件素材、案例素材、常见问题解答素材和教学资源索引这八类来实施建设；二是网络课程建设，它是按学科的知识脉络以及教学要求对教学资源进行有机整合；三是教育资源建设的评价，通过价值判断筛选出优秀的教学资源；四是教育资源管理系统的开发。其中素材类教学资源建设和网络课程建设是教育资源建设的基础，也是重中之重。

（三）数字化教学资源

目前与数字化教学资源相类似的概念有许多，如立体化教学资源、数字化学习资源、网络教学资源、多媒体教学资源、教育信息资源等，在界定数字化教学资源之前，有必要对以上几个概念进行辨析。

"立体化教材"这一概念是教育部 2003 年在精品课程建设的通知中首次提出的，此后，"立体化教学资源"便成为研究的重点。胡三华将立体化教学资源分为纸介质资源、多媒体资源以及网络课程资源，并设计开发了具体课程的立体化教学资源①。

数字化学习资源是基于数字化学习的概念提出的，是实现数字化学习的基础和关键，其资源的建设和应用水平直接影响到数字化学习的效果。

网络教学资源和多媒体教学资源的主要区别在于侧重传播方式还是媒体类型。网络教学资源主要指在网络上传播的各种教学资源，多媒体教学资源指包括文字、音频、视频、动画在内的教学资源②。

到目前为止，数字化教学资源还没有一个公认的定义。有学者认为，广义的数字化教学资源是指支持教和学活动的学习材料、学习工具和交流工具三类资源③。徐红彩从实现的技术、满足的条件及主要形式方面对数字化教学资源的概念进行界定，即数字化教学资源是指经过数字化处理，可以在多媒体计算机及网络环境下运行的多媒体教学材料。

综上所述，关于数字化教学资源的定义，一般从所需的技术、满足的特性以及包括的类型三方面描述。本书中的数字化教学资源是指为了完成教学活动，在多媒体计算机和网络环境下使用的教学资源。它是随着计算机技术、多媒体技术、网络技术的发展，在教育领域出现的特定产物，与传统的纸质教学资源共同应用于当今的教学实践中。

三、技术赋能相关概念界定

"赋能"二字最早作为心理学名词，在积极心理学中出现，是指通过言行、态度、环境的变化赋予他人能量。随着时代的发展，"赋能"逐渐应用于管理、商业等领域，也有研究者将其称之为授权或授权赋能④。

从理解的角度来说，不同的研究人员针对"赋能"的理解存在明显的差异，主要的理解角度可以分为两类：一类是以心理为视角，另一类是以组织行为为视角。就第一类而言，研究人员普遍认为"赋能"主要针对激发人们的心理状态进行描述，激发的程度往往可以说明赋能的大小⑤。就第二类而言，主

---

① 胡三华.立体化教学资源建设下的网络课程系统设计与开发 [D].南昌：江西师范大学,2008.

② 李克东.数字化学习（上）——信息技术与课程整合的核心 [J].电化教育研究,2001(8):46-49.

③ 王娟,杨改学,孔亮.国内数字化学习资源发展策略研究 [J].现代远程教育研究,2011(5):40-44.

④ 刘云,石金涛.授权理论的研究逻辑——心理授权的概念发展 [J].上海交通大学学报（哲学社会科学版）,2010（1）：54-59.

⑤ 耿昕.领导授权赋能行为对员工创新行为的影响研究 [D].上海：上海交通大学,2011.

要是指下级获得权利增加产量和效益的过程，是管理者在对下属信任的基础上，运用多种技能以提高下属能力和潜力的行为，这一观点是著名学者坎特提出的[①]。从以上两个研究视角来看，不难发现，技能既体现在过程层面，又体现在结果层面，从而得出重要结论，即赋能是一个"使……能够"的过程，以期满足自我需要、实现自我控制，同时是指个体被赋予能力的一种结果。

就当前而言，"赋能"所针对的对象已经不再是个体，而是覆盖到某些客观存在的事物，如赋能某个领域和某个产业等，而这充分说明"赋能"二字更加侧重于某一组织行为，即通过某种措施或手段，使赋能对象能够具有之前不具备的能力，并且达到预期效果。

从教育资源赋能学习支持服务的实质层面来分析，就是一种技术赋能的行为，而技术赋能又是一种赋能的形式，更加强调技术作用。特别是在数字时代背景下，教学资源建设更是拥有极为强大的新技术作为支撑，所以通过新技术实现赋能学习支持服务已经成为可能。从传统意义上讲，在教学资源建设活动中，通常将技术作为一种辅助，而并非作为主体条件来运用，这些辅助条件可以有，也可以没有。然而在数字时代背景之下，现代化的教育技术和管理技术为教学活动的开展和教学资源建设提供了巨大能量，所以在实践活动中将其视为重要主体，而"教"与"学"的过程必然会发生质的改变。

所谓"技术赋能"，是指当技术进入到一个领域中时，所起到的支持作用，并且达到支持作用最大化的目的。技术可以对多个领域进行赋能，但本书只针对技术在教学资源建设领域的赋能。本书所阐述的数字时代背景下教学资源建设的技术赋能是指借助现代技术，为学生学习过程中各个要素实现提供全面的支持，克服教学资源建设到运用全过程的障碍和困难，确保教学资源建设和运用过程更加顺利，最终为学生学习的全过程提供强有力的支持与服务。

四、学习支持服务相关概念界定

学习支持服务是伴随网络信息时代发展而形成的，其中涉及的核心概念主要有学习支持服务和个性化学习，后者之所以成为学生学习支持服务相关概念中的重要组成部分，是因为学生学习支持服务就是为了满足一切学生学习过程中的具体需要，促进学生个性化发展。具体概念界定如下。

---

① 张燕，王辉，陈昭全.授权赋能研究的进展[J].南大商学评论，2006(4)：117-132.

（一）学习支持服务

学习支持服务的英文是 Learning Support Services，在国内文献中，出现了多种不同的译法，如学习支助服务，或者简化为支助服务，还有学者将其译为学生学习支助服务。对于 Support 的翻译有两种：支持和支助，其含义相差不大。国外学者西沃特和索普，以及我国学者丁兴富都对此作出明确的界定，具体如图 2-7 所示。

西沃特	索普	丁兴富
将学习支持服务作为一种服务产业，满足服务产业内多数人的利益的行为活动	在学习全过程中，为学生学习活动提供一切便利条件，促进学生收获更多知识的行为总称	是远程教育院校及其代表教师，为远程学生的学习活动提供帮助的活动

图 2-7　学习支持服务概念的定义

在国外相关文献资料中，采用学习支持服务这种译法。在图 2-7 中，明确指出学者西沃特将学习支持服务定义为"是一种服务产业，以满足服务产业内大多数人的利益为普遍准则"。西沃特的定义中，服务对象不是客户，而是学生，提供服务的是教育机构和教师。索普将学习支持服务定义为"在学习发生前、学习过程中以及学习完成后，能够对已知学习者或学习小组的需求作出反应的所有元素的总和"。该定义是在网络教育日益发展的背景下提出的。丁兴富这样定义学习支持服务："是远程教育院校及其代表教师等为远程学生提供的以师生或学生之间的人际面授和基于技术媒体的双向通信交流为主的各种信息的、资源的、人员的和设施的支助服务的总和。"其目的在于指导、帮助和促进学生的自主学习，提高远程学习的质量和效果。

以上三种观点是对学习支持服务比较权威的定义，目前远程教育领域对于学习支持服务还没有一个明确的定义，任何一个描述都不能将学习支持服务的内涵全部包括，我们研究学习支持服务的宗旨就是解决学生在学习上遇到的各种困难。

（二）个性化学习

美国教育部 2010 年发布的《国家教育技术计划》指出，个性化学习是学习者结合自身学习兴趣及个人经历自主安排学习进度和选择学习方法；刘学智等人认为，个性化学习是以学生个性差异为基础，以促进学生个性发展为目标的学习范式；马元丽认为，个性化学习就是通过强调学生学习的独特性、主体性以及学习形式的多样性来有效挖掘每位学生的学习潜力，促进其可持续发展，力争让每一位学生都能通过自己努力达到符合自己预期和社会需要的教学目标。大卫·霍普金斯（David Hopkins）认为，个性化学习是推动教育适应个人需求、兴趣和学习方式，因为个性化具有导向性的基调，它使得系统从一般地提供服务演化为注重提供大量的个性化服务和合作性的产品，大体上做到用户至上。这些观点从不同角度分析了个性化学习的内涵，都认为个性化学习应以学习者为中心，促进学习者个性发展。借鉴以上观点，本书将个性化学习定义为学校管理者及教师必须以学生为主体，针对学生的个性特点、学习习惯和需求以及具体学习情境，采用恰当的学校管理模式、教学方法、课程设置，促使学生的能力和个性在学习活动过程中得到充分、自由、和谐的发展。

第四节　本章小结

结合笔者在本章各节中所阐述的观点可以看出，国内外学者在学习支持服务方面都有代表性的研究观点和成果存在，使得该领域相关的核心概念得到了明确界定，这无疑为本书创作提供了强有力的学术支撑。

一、国内研究现状的总结

在学习支持服务方面的研究中，一部分学者将重点落在网络课程资源建设之上，普遍认为学习支持服务主要应用于远程教育活动，所以网络课程资源建设是关键中的关键。除此之外，还有一部分学者立足远程教育和非远程教育两方面，就学习支持服务的相关要素进行深入研究与探索，并且还针对学习支持服务的类型进行了明确划分，这无疑为本书的创作提供了极为理想的学术支撑。

二、国外研究现状的总结

纵观当前国外学者对学习支持服务的研究成果可知，其所提出的研究观点普遍集中在理论和实践两个层面。其中，理论层面主要体现在学习支持服务资源模型构建上，实践层面主要体现在如何提供学习支持服务资源，并且针对学习支持服务的概念进行了更深层次和更为细致的学术界定，这无疑为本书的创作提供了坚实的理论支撑和学术支撑，笔者以此为基础明确了具体的研究设计和研究方法。

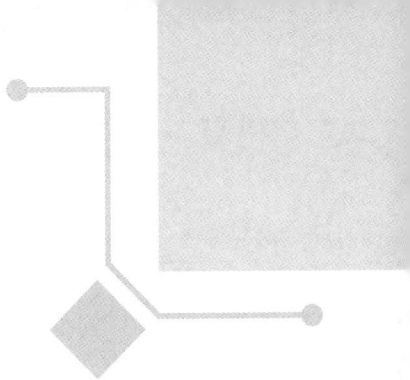

第三章　研究设计与方法

研究设计是指针对研究全过程进行科学合理的设计，是确保研究质量的关键一环。在本研究全过程中，既要明确具体的研究目标，又要确立详尽的设计理念和设计方案，为研究工作的全面落实并最终取得理想的研究成果提供有力保证。

第一节　研究设计

由于本书的创作过程是基于研究成果来逐步完成的，所以创作过程也充分展现了《数字时代教学资源建设赋能学习支持服务研究》过程，在此过程中不仅明确了研究目标，还明确了设计理念和设计方案，力保研究过程的顺利实施，最终获得理想的研究成果。

一、研究目标

在数字时代背景下，教育教学工作不仅要注重教师"教"的质量，更要注重学生"学"的效率和深度，教学资源从中发挥的支持作用与服务作用愈加明显。教学资源建设能否为学生学习提供强有力的支持与服务无疑起到至关重要的作用。本节以此为视角进行系统阐述，其目标主要体现在五个方面，并且目标之间环环相扣，具体如图3-1所示。

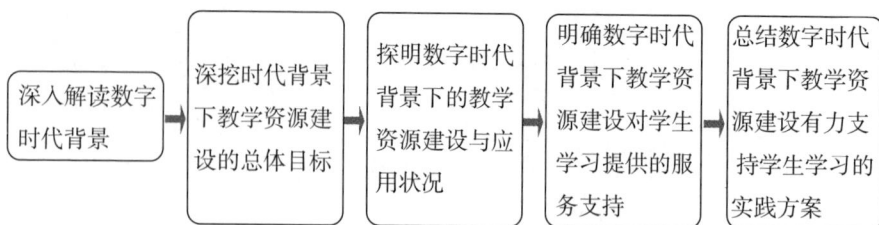

图 3-1　本书研究目标构成图

由图 3-1 可知，本书为研究型著作，其创作的目的极为明确，就是要让数字时代背景下教学资源建设中学习支持服务作用最大限度地发挥出来，进而充分体现"技术赋能"的作用。在本书创作过程中，研究目标也极为明确，主要包括五个方面，具体阐述如下。

（一）深入解读数字时代背景

数字时代指的就是电子信息时代，在该时代背景下，一切电子信息都用数字来表达。因此，进入数字时代就意味着电子信息成为时代的主宰，空前的信息量为各行各业及各个领域的发展提供了重要的支持与服务，成为各领域取得最终胜利的核心条件。明确这一时代背景是本研究工作得以全面开展的基础。

（二）深挖时代背景下教学资源建设的总体目标

面对数字时代背景，教学资源建设要面向信息化和数字化发展大方向，无论是在资源整合与开发方面，还是在资源共享与应用方面，都要以网络平台为依托，确保资源类型、资源数量、资源应用效果达到理想化，满足学生学习过程中的切实需要，为其实现高效学习和深度学习提供强有力的支持和服务，这是数字时代背景下教学资源建设的总体目标，也是本研究的根本目标。

（三）探明数字时代背景下的教学资源建设与应用状况

进入数字时代，教学资源建设与应用工作已经取得了突飞猛进的发展，但依然存在可提升之处，需要不断进行深入探索。其中，深入探明数字时代背景下的教学资源建设与应用状况，并将其现状加以深入而又客观的分析，从中找出问题，成为全面确保教学资源建设有效支持学生学习的重要前提，而这也是本研究的重要目标。

（四）明确数字时代背景下教学资源建设对学生学习提供的服务支持

数字时代的到来改变了人们日常工作、学习、生活的方式，由于资源的丰富性以及资源获取的便捷性，学生学习活动不再局限于"线下教育"一条线，"线上教育"也成为人们获取知识、掌握技能、提升能力和素养的又一重要渠道。此时，资源本身的有效性就成为支持学生学习的关键所在，资源整合、资源开发、资源共享、资源应用过程的高度合理，是提高学生学习支持力和服务力的根本。

（五）总结数字时代背景下教学资源建设有力支持学生学习的实践方案

本研究的根本目的是要将研究成果应用与实践，体现出应用价值和推广价值。因此，随着上述研究目标的高度明确，随之而来的就是要探索数字时代背景下教学资源建设有力支持学生学习的实践方案，将研究成果的应用价值和推广价值以最直观的形式体现出来。

二、设计理念

设计理念是研究方案设计的根本初衷，是对研究成果所寄托的期望，所以设计理念的高度准确是研究工作走向成功的必要前提之一。本研究是一项较为系统的工程，设计理念极为清晰，主要包括以下三个方面。

（一）教学资源管理层面力求对学生学习支持达到最大化

"管理"是各项事务得以有序运行，并最终呈现出最大价值的必要保障条件，教学资源管理工作的有效运行是确保教学资源有效整合与优化，确保教学资源满足学生学习需要的重要保证。对此，通过系统化的教学资源管理，力求对学生学习支持达到最大化，是本研究设计的基本理念之一。

（二）通过教学资源应用实现对学生学习支持的最大化

教学资源建设最终要体现在教学应用过程之中，应用效果必然会反映出教学资源建设的整体效果，体现对学生学习提供的支持作用。因此，在本研究过程中，通过教学资源的有效应用来实现对学生学习支持的最大化，是研究设计的重要理念。

（三）学习支持服务资源的建设与有效应用

学习支持服务资源是数字时代背景下教学资源建设的新方向，强调对学生学习提供的支持与服务，确保学生在学习过程中能够以最快的速度理解、接受、内化新知识与新技能。所以，数字时代背景下教学资源的建设与应用必须将此作为新的出发点，以求为学生实现高效学习和深度学习提供强有力的支持和服务。

三、设计方案

在本书研究过程中，涉及理论层面和实践层面的研究。具体而言，包括对时代背景的概述、现状调查、优化教学资源建设与应用，以及创新实践方案的制定等多个方面，并因此设计出了具体的研究方案，具体如图3-2所示。

研究方案
- 数字时代的概述
- 教学资源建设与应用的现状
- 学生学习支持服务情况
- 优化教学资源建设与应用
- 创新实践方案

图 3-2　研究方案

在图3-2中，明确呈现出了研究方案，可概括为以下三阶段。

（一）深挖理论基础

由于本研究工作的基础在于强大的理论支撑，所以本研究的首要工作就是通过互联网渠道，针对相关的文献资料和学术理论进行广泛收集和整理。在当前现有的相关文献资料和学术理论中找寻可借鉴的研究观点，以及能够为本研究提供有力支撑的理论思想，进而确保本研究活动拥有强大的理论支撑。

（二）解读教学资源建设与现状并建立创新应用的过程

在数字时代背景之下，教育教学工作迎来了前所未有的机遇与挑战，机遇主要体现在教学资源的无限共享，以及教育资源创新的渠道更加多样化，挑战则体现在如何在数字化背景之下，让教学资源真正为学生学习提供支持与服务作用。对此，深入了解当前教学资源应用的现状，并以此为契机寻求教学资源，为学生学习提供的支持服务实现最大化就成为本研究的核心。

（三）总结实践创新案例

在明确教学资源建设与应用现状，确立其创新应用过程的基础上，随之要对实践方案的创新性加以明确，同时以最直观的形式体现出来，进而达到充分体现本研究价值的目的。这是本研究的最后一环，也是收获研究成果的环节。

第二节　研究方法

一、研究技术路线

本书的创作目标极为明确，就是要结合时代发展大背景，全面优化高校远程教育和非远程教育资源体系，做到能够为广大教育工作者和教育对象提供一个理想的教学和学习资源选择与获取平台，确保教师教学资源和学生学习资源利用效率不断提升，让学生在学习活动中能够得到更多的支持与服务。在此期间，研究技术路线如下。

（一）研究目标

本书的创作以数字时代发展对教学资源建设提出的新要求为背景，强调教学资源对学生学习活动提供强有力的支持与服务，确保远程教育和非远程教育教育活动中，教学资源的作用和价值得到最大程度体现，突出数字化教学资源建设的优势，确保数字时代背景下教学资源能够为远程教育和非远程教育对象提供更为完善的学习支持，更好地服务于学生学习全过程。

（二）研究思路

由于本书属于研究型著作，所以创作过程中极为注重研究观点保持理性而又客观。其间，更加注重前期调研工作，用数据说明当前高校学校教育和远程教育活动中教学资源设计、开发、获取、使用情况，最终通过实证研究的方式确立一套极具系统性的研究方案，确保本书创作的过程中能够获得理想的研究成果。其间，研究思路主要由四部分构成。

1.提出问题

随着时代发展脚步的不断加快，数字时代的来临在无形中改变了人们日常生产生活方式，信息传递的速度和覆盖的范围显然前所未有，同时在便捷性上更是空前。为此，在数字时代背景下，如何做到有效利用教学资源，为广大高校在校大学生，以及远程教育对象提供更好的学习支持与服务，自然成为教育管理工作的新视角。但是纵观当今教学资源体系建设与发展的现实情况，显然教学资源在学生学习活动中发挥的支持与服务作用未能达到最大化，因此如何后者在实践中转化为现实，自然成为广大学者、教育工作者关注的焦点，也是笔者进行本书创作的背景所在。

2. 概念界定

毋庸置疑的是，各项研究工作的开展必须将相关概念加以高度明确，由此方可确保研究过程中的观点高度准确，所提出的研究方案切实能够起到促进研究领域发展的作用。针对数字时代背景下的教学资源建设与发展而言，为广大学生学习提供强有力的支持和服务显然是普遍追求，怎样才能将该作用得到最大程度体现，显然作为广大学者和教育工作者关注的焦点。然而在其研究工作中，必须将数字时代、教学资源、学习支持服务三个核心概念加以学术界定，由此方可确保研究成果具有高度的实效性，而这也是本书创作过程中最为基础，也是最为关键的环节。

3. 实证研究

由于本书作为科研型著作，而实证研究是针对现象进行客观发掘，并找到改变其现象最为有力的前提。所以针对数字时代背景下的教学资源建设于发展而言，显然要打破教学资源建设的固有思维，立足数字时代为教育教学活动提供的各种有利条件，做到教学资源有效支持和服务"教"与"学"活动显然是教学资源管理的发展新方向。对此，了解教学资源设计与应用的普遍现象就成为数字时代背景下全面增强教学资源学习支持与服务的必然前提，也是本书创作至关重要的一环。

4. 提出方案

该环节是本书创作的核心环节，也是研究工作研究成果形成的阶段。在该阶段中，主要从不同教育形式入手，针对教学资源应用过程的实际需要探索如何增强支持和服务学生学习过程，进而提出资源支持服务、技术支持服务、环境支持服务、管理支持服务、交互支持服务等研究视角，最终让教学资源应用过程、应用方式、管理路径的创新能够转变为现实，支持和服务学生各种学习活动，促进学生学习自主性和高效性的全面提升。

（三）步骤

本书的创作是一项系统工程，根据研究思路，创作过程大体划分为四步。

1.文献资料的收集、整理、分析、归纳

在本书创作的准备阶段中，笔者深刻意识到"他山之石"的重要意义，针对国内外在教学资源建设方面取得的成果进行广泛性的收集与整理，明确当前国内学与国外有关学者在教学资源建设方面的主要视角，以及在实践中取得的主要成就，同时围绕相关理论基础和我国数字时代发展背景下关于教学资源建设方面所提出的新要求，从中找出学术研究成果中的可借鉴之处，由此为本书创作过程奠定坚实的理论基础。

2.开展社会调研并提出研究假设

正所谓了解现实状况是改善现实状况，做到"对症下药"的关键环节，结合当前我国数字时代发展的大环境，了解当前我国远程和非远程教育活动中，学生关于教学资源的总体现状，通过问卷调查和专家访谈的方式，详细了解当前在教育实践活动中教学资源选择、获取、使用的现实状况和具体需求，从中提出具有建设性的研究假设。

3.制定数字时代背景下教学资源体系建设方案

在明确数字时代背景下教学资源建设的新要求，以及当前远程教育和非远程教育活动中，教育工作者和教育对象之间关于教学资源选择、获取、使用的具体需求，有效指定出可全面支持和服务学生各类学习活动的教学资源建设方案，由此确保"教"与"学"的全过程始终让学生作为主体，全面提升教育对象学习的自主性，推动其终身学习意识和习惯的全面养成。

4.全面落实研究方案并得出研究成果

在本书创作阶段，笔者根据研究方案，通过完善数字教育资源体系全过程，将教师和学生选择、获取、使用"教"与"学"资源的路径加以高度明确，并通过实验对比的形式验证该教学资源体系的应用成果，并提出相关的改进与优化措施，最终获得研究成果，完成本书创作的全过程。

（四）价值

数字时代的到来让人们日常生产与生活方式发生了指的变化，方便、快捷、高效成为人们日常使用各类信息最为显著的特征，各类学习活动的开展更是如此。其中，一切可供教师开展教学活动和学生进行学习活动的资源也必将实现数字化转型，能够成为支持和服务学生学习活动的有利条件。高校远程教育和非远程教育作为我国高质量人才全面培养的重要教育载体，为一切教育对象提供强有力的学习支持和服务条件自然是关键中的关键，数字化教育资源显然是重要抓手所在，本书的创作正是以此为目标，确保数字时代背景下的教学资源建设能够加快高校远程和非远程教育对象终身学习意识的养成步伐。

二、本研究采用的方法

在开展研究工作时，要具备坚实的理论基础和客观的论据，以此为基础开展详尽的论证过程，以此说明数据时代背景下教学资源建设能够对学生学习提供强大的支持力。在本研究工作中，主要采取以下五种研究方法。

（一）文献研究法

在本研究准备阶段，通过"中国知网""万方数据平台""维普期刊""掌桥科研""百度学术"，以及学校电子图书馆等网络平台，针对"数字时代""教学资源建设""学习支持"等关键词进行检索，收集并整理相关文献资料及理论研究成果，并进行系统化的归纳与整理，经过全面分析，获得本研究可借鉴的研究观点，为本研究工作的顺利进行提供坚实的理论基础。

（二）问卷调查法

在本研究调查取证阶段，针对140名研究对象进行问卷调查，内容涉及教学资源的表现形式、教学资源的运用过程、对学生学习提供的帮助等多个方面，切实了解教学资源在学生学习过程中所起的作用，更加直观地展现出教学活动中教学资源应用的现状。其间，共发放学生调查问卷140份，回收136份，有效问卷135份，问卷回收率为97.14%，问卷有效率为99.26%。

（三）访谈法

依然是在本研究的调查取证阶段，笔者针对自己所在学校35名在校教师进行访谈，访谈内容包括教学资源的获取途径、教学资源的获取范围、教学资源的处理过程、教学资源的使用过程、教学资源的使用效果等多个方面，并以此为中心制作出相应的访谈提纲，进而更加深入了解所在学校教学资源的应用现状，以及对学生学习提供的支持情况。

（四）观察法

在本研究的实施阶段，笔者深入课堂教学活动中，详细观察教师对教学资源的运用情况，以及学生对知识与技能的获取和培养情况，并进行详细的记录。除此之外，笔者还深入教师备课环节之中，观察教师在教学资源获取过程中的行为，判断教师选择教学资源的初衷和目的，为本研究工作的顺利进行提供了强有力的依据。

（五）实验法

在本研究的论证阶段，采用实验方式对数字化教学资源对学生学习支持作用进行论证。在实验过程中，实验组使用数字化教学资源开展教学活动，对照组则使用常规的教学资源开展教学活动，经历为期 8 周的实验过程，就学生学习成果进行对比，以此来说明数字时代教学资源建设对学生学习所提供的支持作用。

第三节　本章小结

结合本章所阐述的观点可以看出，研究设计和研究方法的高度明确，是高效开展各项研究工作的关键所在，数字时代背景下教学资源建设赋能学习支持服务的研究工作也是如此。接下来，笔者就针对本章两节内容作出系统总结。

一、本章所阐述的主要内容

在本章两个小节内容中，笔者已经高度明确了本书研究的主要目标，并且明确了本研究的设计理念与设计方案，环环相扣，缺一不可，确保在数字时代背景下教学资源建设能够为广大高校大学生开展高效率的学习活动提供支持与服务。

在研究目标方面必须深入挖掘数字时代的大背景，并且要将数字时代背景下教学资源建设的总体目标、总体状况、具体学习支持服务的表现和实践方案加以高度明确，最终形成具有高度系统性和完善性的设计理念和方案。最终明确本书创作过程中所采用的一系列方法，确保数字时代教学资源建设赋能学习支持服务的效果实现最大化。

二、本章所阐述的研究观点

在上文中，笔者已经明确本书为科研型著作，创作过程也是系统的研究过程。笔者不仅将研究目标、研究设计理念、研究设计方案加以高度明确，还对研究方法进行了科学选择，力求在本书创作过程中，既能拥有较为坚实的理论基础，又能有较为客观的现实状况作为依据。确保研究方案高度科学合理的同时，让研究成果真正为广大教育工作者的教学实践提供参考与借鉴，还为全面提升高校大学生学习的自主性和高效性保驾护航。而这也正是本书创作前期准备阶段的重要组成部分，更是本研究成果顺利形成极为重要的前提条件。

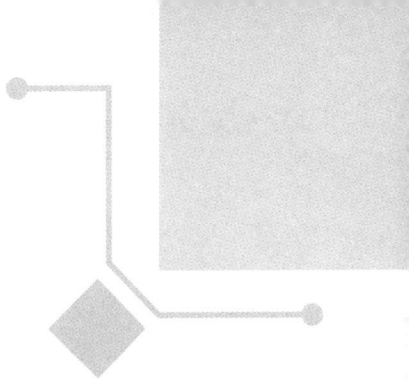

第四章 教学资源分析研究

教学资源之所以作为教学活动中不可缺少的条件，是因为具有激发学生学习兴趣、启发学生学习思维、促进学生良好学习习惯养成的作用。这充分说明了教学资源与教学活动之间必须保持高度的吻合性，而如何将其在实践中转化为现实，就需要将教学资源进行全面而又深入的分析。笔者在本章就立足教学资源设计、教学资源获取与处理、教学资源有效应用三方面，对其进行深入分析与研究。

第一节 教学资源设计

随着数字时代的到来，我国教育事业发展随之要面对前所未有的新要求，高校远程教育和非远程教育作为全面提高人才培养质量的两个重要抓手，全面强化学生学习效果是其重要任务，教学资源建设由传统向数字化转型是其必然趋势。特别是在大数据技术、人工智能技术高度成熟的背景下，数字化教学资源建设已经拥有强有力的技术支撑条件，无论是在高校远程教育还是非远程教育活动中，都能确保根据教育对象的学情提供高度适用的学习资源。另外，在数字时代背景下，教学资源类型得到进一步的扩展，资源数量也有所增长，对学生高效率学习提供的支持作用正在不断增强。因此，有效进行教学资源设计就成为有效增强学生学习支持作用的关键环节。笔者在下文中先明确在远程教育和非远程教育活动中的教学类型，再明确不同教学活动下的教学资源设计，最终为有效获取和使用教学资源提供有力的前提条件。

一、不同教学活动的概述

教学资源设计工作的有效开展，前提在于资源本身要具备极强的适用性，在此过程中，先要明确教学活动的类型。从线上教育与线下教育的基本现状来看，教学活动的类型主要有三种，具体如下。

（一）讲授型教学活动

讲授型教学活动自古有之，由"讲""听""读""记""练"五元素构成。其中，"讲"为教师活动，其余为学生活动，充分体现出教师的主体性和学生学习过程的被动状态。教学活动普遍以"直入主题"的方式开启，以言传身教的方式传递知识和技能，以反复强调和练习的方式达到增强记忆和知识内化的目的，以课堂总结的方式结束教学活动。教师是一切信息和命令的发布人，学生是一切命令的执行人。

（二）发现型教学活动

在此教学活动中，教师发挥组织者和引导者的作用，学生则掌控"学"的全过程。其间，教师不仅要为学生创设理想的课堂情境，用于激发学生课堂学习的兴趣，还要为学生营造互动与探索的空间，引导和启发学生思考的同时，保持强烈的学习欲望，帮助学生学会分析和自主发现，进而逐渐形成有效的学习方式，并成为伴随自己一生的学习习惯。

（三）合作研讨型教学活动

该教学活动集学生自主"合作""研究""讨论"于一体，突出学生与教师之间、学生与学生之间的相互合作，以"项目化"的学习方式攻克学习中的难题。在此教学活动中，借助丰富的资料进行线索的研究，找出解决问题的方式并进行讨论与验证，从而达到对学生学习自主性和学习思维进行有效培养的目的。在此期间，既要求教师给出明确的学习材料和学习项目，还要求教师与学生共同建立完整的学习项目研究流程，并做到引领学生自主完成学习项目的研究与探讨，最终进行具有客观性和双边性的总结与评价。

二、不同教学活动下的教学资源设计

在明确教学活动基本类型的基础上，开展有针对性的教学资源设计活动，确保教学资源设计方案能够满足教师"教"与学生"学"的需要。接下来，笔者就结合讲授型教学活动、发现型教学活动、综合探讨型教学活动，具体阐述教学资源设计的总体方案。

（一）讲授型教学活动教学资源设计

从讲授型教学活动的特点出发，可以看出课堂教学的全过程主要以教师的讲述和演示为主，并且要求学生根据教师的指示完成相关的学习任务，"讲"与"学"的过程往往处于较为独立的状态。

所以在教学资源设计过程中，要以直观性为原则，强调教学资源运用过程能够将信息更加直观地展现出来，做到化抽象为具象，故而在选择教学资源时要以"演示型"为主。例如，影像资料、图片、文字材料等，确保选题得当、简洁明了、信息适量、界面美观、画面和谐、具有交互性功能，以便学生在学习过程中能够受到启发。

（二）发现型教学活动教学资源设计

发现型教学活动主要包括四个环节，即情境创设、探究学习、总结提高、练习巩固，每个环节都强调对学生形成有效的启发和引导。由此可见，在发现型教学活动教学资源设计中，要以促进师生互动、引导学生开展自主探究为原则，有效激发学生的学习兴趣和学习意愿，并能长时间保持。在此过程中，教学资源的选择要具有一定的悬念，还要具有一定的实操性，如结合课堂中出现的"意外"，生成可用的教学资源，以及富有生活元素的短视频或图片、音频材料等，确保学生在活动过程中能迅速进入到学习状态，并能长时间保持。

（三）合作研讨型教学活动教学资源设计

由于该类型教学活动既可以在"线下"课堂教学中进行，又可以在"线上"网络教学活动中进行，因此在选择教学资源时应做到信息技术、信息资源、课程资源之间紧密结合，从而满足学习对象的学习需要，体现出学习支持作用。

所以，在教学资源设计过程中，要以适用性和发展性为原则，设计方案包括学习内容、学生特点、学习目标、教学目标、教学资源、设计意图六个方面。学习内容上，要结合教学活动的主题，找准课堂所涵盖的主要知识点、重点、难点，为教学资源的选择提供依据，并为教学资源的开发指明方向。学生特点上，要结合学生学习兴趣产生的主要条件，以及学生学习的能力水平，找出适合学生的学习材料，让学生主动完成学习项目的研究与探讨。学习目标是通过学习的过程学生在知识、技能、方法、能力方面产生怎样的变化，因此在合作研讨型教学活动教学资源设计过程中，必须深入思考有助于促进学生深入思考、分析、研究、讨论的因素，由此促进学生知识、技能、方法、能力的全面发展。教学目标是通过教学活动，学生产生何种变化，所以在合作研讨型教学活动教学资源的设计中，要从学生知识与技能、过程与方法、情感态度与价值观三方面入手，以达到助力学生探索、研究、分析、讨论能力全面发展的目的。教学资源上，除教案和 PPT 之外，还包括现有的教辅材料、实物模型、自制图片和小视频，以及网络资源库所提供的文本、图片、音频、视频材料和其他网络平台下载的图片或小视频等。设计意图上，要以学生知识基础与技能水平、学习能力与学科核心素养的全面发展为主要意图，从而明确教学资源设计的总体要求。

三、不同教学活动下教学资源设计的技术支撑

在数字时代背景下，教学活动开展的形式和方式与以往相比会有很大不同，因为数字教学资源让一切教学活动的顺利开展成为可能。这也对教学资源建设提出了更高要求，为学生提供更多的学习支持服务成为关键中的关键，技术赋能在其中发挥不可替代的作用。

（一）大数据技术

所谓的大数据技术，就是将一切相关的资料和信息以数字的形式进行处理，其中包括数据的获取、预处理、整理、分析、存储五个环节，从而帮助各个领域实现资源的深度挖掘和深度运用，是全面提升个体或团体核心竞争力必不可少的条件，也是数字时代背景下的教学资源建设中，在学习支持服务方面充分发挥技术赋能作用必须仰仗的技术之一。

（二）云计算技术

所谓的云计算技术，就是在互联网领域之内，结合硬件、软件、网络，对数据进行全面的计算，最终实现系统化处理和高度共享。该技术不仅是一项数据托管技术，也是有效进行战略决策的重要技术支撑，在数字时代背景下的教学资源建设道路中发挥着重要作用。

（三）虚拟现实技术

所谓的虚拟现实技术，就是通过计算机技术为参与者生成一种直观感受，让虚拟世界与参与者之间形成最真实的互动过程，以此提高参与体验感的真实

程度。为此，在数字时代背景下，在全面增强学习支持服务功能的道路中，必须将该技术作为重要的技术支撑条件之一，从而确保发现型和合作研讨型教学活动拥有较为理想的教学资源。

（四）3D 技术

3D 技术是虚拟现实技术在现实生活中的实际应用，其作用主要体现在让画面更加清晰、真实，让传统的二维平面图标升级为三维可视化图标，满足人们对资源的更高要求。其间，多媒体技术、网络技术、三维镜像技术是其重要支撑。这也能满足数字时代背景下，教学资源建设赋能学习支持服务的新要求。所以，在该时代背景下的教学资源建设活动中，应将其作为重要的技术支撑条件，确保赋能学习支持服务的作用最大化。

第二节　教学资源获取与处理

明确教学资源设计方案意味着设计思路高度清晰，此后要以此为立足点，对教学资源进行有效获取，并进行科学合理的处理，进而为教学资源有效支持学生高效率开展学习活动提供重要保证。另外，由于远程教育与非远程教育之间教学类型的选择具有一定的共性，所以在教学资源获取、处理、应用方面也具有一定的相似性，并不需要进行详尽的分类处置和单独分析。具体而言，主要包括教学资源的有效获取方式，以及资源处理的原则和方案。

一、教学资源获取

众所周知，教学资源获取工作是教学资源真正有效运用到教学实践活动之中，教师进行知识传授和学生有效开展学习活动的重要前提。伴随时代的发展，资源获取的方式也发生巨大的变化，为教师和学生带来方便，进而形成了传统与现代相结合的教学资源获取方式，如图 4-1 所示。

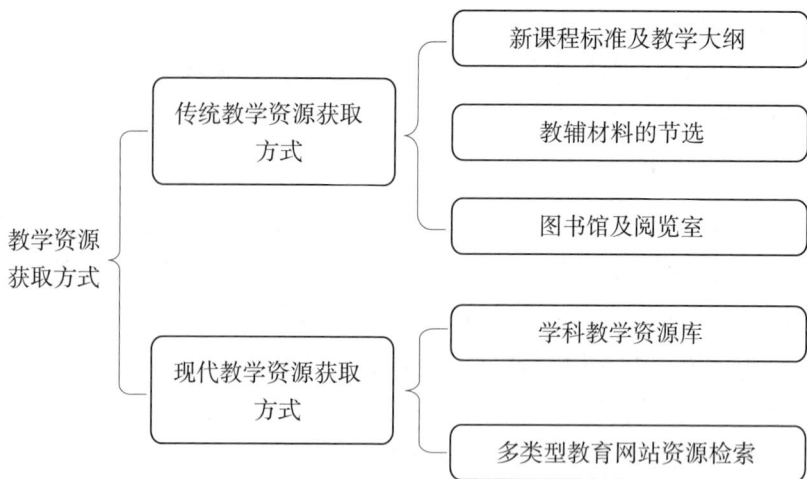

图4-1 传统与现代相结合的教学资源获取的方式

在图4-1中，明确了传统与现代教学资源的获取方式，此后要客观认知所包括的具体获取方式，由此方可明确其优势与劣势。其具体内容如下。

（一）传统教学资源获取方式

所谓的"教学资源"，是指有助于教学活动有效开展的各种素材。在传统观念下，教学资源主要包括教材、教案、教具、必备的教学设施等[①]。伴随时代的发展，"数字化"已经成为当今时代的代名词，大数据、云计算技术的广泛应用，又为教学资源赋予了新的定义，其中文本信息、图片、音频与视频已经成为教学资源的重要组成部分。传统教学资源是教学活动顺利开展之本，资源获取的有效性是决定教学效果的关键条件。

1.新课程标准及教学大纲

2017年版新课程标准明确规定，课程教育教学活动要以学生综合素质发展为中心，面向学生知识与技能、过程与方法、情感态度与价值观三个方面开展教学活动。所以在教学资源获取方式中，新课程标准成为最传统，也是最为直接的方式。除此之外，教学大纲作为课程教学活动有效进行的基本纲要，明确指出了教学方案制定中的教学目标、教学内容、教学要求，进而为教学资源的获取提供了又一条理想途径。

[①] 汪继平.网络教育学习支持服务实践[M].北京：中国铁道出版社，2012:48-51.

2.教辅材料的节选

教辅材料是全面提高教学质量的重要抓手，也是丰富学生知识基础、强化学生技能水平、提高学生各项学习能力的有利载体，因此传统观念下教学资源的获取通常选择节选教辅材料的方式。节选的范围主要包括"知识点的同步强化""新颖的题型""教材全解"等，力求学生知识与技能得到强化的同时，实现知识面的拓展，从而带动学生问题发现、问题思考、问题解决能力不断提升，助力课堂教学活动取得更好的效果。

3.图书馆及阅览室

图书馆和阅览室是知识的汇聚地，也是以往人们获取知识的主要场所。在未进入到数字时代之前，广大教师都会到图书馆和阅览室获取资源，以求达到丰富课堂内容和促进学生知识与技能内化的目的。除此之外，学生各项能力也会在无形中得到提升。

（二）现代数字资源获取方式

随着数字时代的到来，信息传递的方式悄然间发生了变化，人们获取信息的方式也得到了更新，"信息为王"的时代随之开启，传统教学资源获取方式俨然得到了重要补充，为"教"与"学"活动的顺利开展提供了更为强大的支撑力。特别是在教育信息化建设又好又快发展的态势之下，教学资源的获取方式已经实现了从"传统"向"现代"的过渡，具体内容包括以下两个方面。

1.学科教学资源库

伴随大数据技术在教育领域中的深度运用，"学科教学资源库"的建设已经成为教育教学工作的重要组成部分，让"资源高度共享"成为现实。就当前而言，我国现有的学科教学资源库主要有百度搜索、中小学教育教学网、学科教学论坛等，涉及的教学资源包括教案、课件、图表材料、试题、虚拟社区等，为教师新知识的传递和学生新知识的接收提供强大的服务平台。

2.多类型教育网站资源检索

教育网站作为有效开展线上教育，促进线下教育高质量发展的重要载体，也是当今时代教学资源高效获取的重要方式[①]。其中，应用最为普遍的有教考资源网、国家基础教育网、本地基础教育网等。在网站资源中，以国内教育优

---

① 冯双鹏，谭惠苓.网络环境下现代远程教育教学模式改革与学习支持服务体系建设研究[M].沈阳：沈阳出版社，2006:69-72.

势地区的名校和名师资源为主体，为全国师生提供个性化的教学空间与服务力量，确保学科教学工作具备强大的"软实力"。

（三）数字时代背景下的不同类型教学资源获取途径

前文中已经明确指出，在数字时代背景之下，教学资源建设的数字化进程已经全面开启，教学资源赋能学习支持服务最为关键的条件就是要将数据进行全面的捕捉、预处理、存储、分析、共享，而有效进行数据的捕捉则是起始环节。在这一时代背景下，不同教学资源的获取显然也要将数据捕捉作为起始环节，也是确保赋能学习支持服务作用最大化的基础所在。笔者在下文中就以此为立足点，将获取路径作出明确阐述。

1.数字时代背景下讲授型教学活动教学资源获取途径

① 数字时代背景下远程教育讲授型教学活动教学资源获取

远程教育讲授型教育活动显然是以教师"言传"的方式为主体，将知识点和相关学习信息推送给学生，所以在数字时代背景下，教学资源主要以文字和图片信息的获取为主，获取的途径在于学科教学资源库和多类型教育网站的目录检索，并将相关文字信息和图片信息标记，最后将其进行打包下载，确保教师在教授知识点和相关教学内容的过程中，能够随时有可以考的材料作为支撑，更能有更为直接的辅助材料帮助自己将知识点和教学内容通过语言隔空传递给学生，助其新知识和学习内容的接受与理解。

② 数字时代背景下非远程教育讲授型教学活动教学资源获取

高校非远程教育又包括"线上"与"线下"教育两种形式，线上教育与远程教育之间存在明显的共性特征，所以在教学资源的获取途径上完全可以参照远程教育教学资源获取途径来进行。而针对线下教育活动而言，教学资源获取途径则要根据学生具体的学习情况通过大数据技术进行分析，之后再利用目录检索功能，在学科教学资源库和多类型教育网站将选定好的文字和图片信息打包下载，确保与学生面对面的教学过程能够随时有可以考的材料作为支撑，并且能有更为直接的辅助材料帮助自己将知识点和教学内容通过语言传递给学生，并达到学生有效理解并掌握新知识和核心内容的目的。

2.数字时代背景下发现型教学活动教学资源获取途径

① 数字时代背景下远程教育发现型教学活动教学资源获取

发现型教学活动并非将所要学习的知识直接传递给学生，而是通过教师的精心设计过程，向学生不断设置问题，与学生进行不间断的互动，带领学生自主去发现、探索、解决问题，从中建立完整的知识结构。由于该类型教学活动具有极强的互动性，所以非常适合高校远程教育活动。在此期间，在教学自愿的获取途径上，依然要围绕大数据技术分析学生普遍感兴趣的话题，之后通过目录检索的方式，在学科教学资源库和多类型教育网站将具有实时性、聚焦成都较高的教学资源打包下载（如新闻热点话题等），以此利用学生的好奇心带领学生一步步发现问题、思考问题、解决问题，让学生通过远程教育建立一个完整的知识结构。

② 数字时代背景下非远程教育发现型教学活动教学资源获取

高校远程教育与非远程教育之间最明显的差距就是师生之间是否保持面对面，发现型教学活动更加强调师生之间彼此的互动过程，所以在面对面和非面对面的情况之下都可以通过该类型教学活动进行知识的传递。对此，在高校非远程教育中，发现型教育活动在教学资源的获取、和使用方面，应与高校远程教育教学资源获取、使用的方式相类似，进而确保教学活动能够以带动学生主动发现问题、分析问题、解决问题，最终形成一套完整的知识结构。

3. 数字时代背景下合作研讨型教学活动教学资源获取途径

① 数字时代背景下远程研讨型教学活动教学资源获取

所谓的合作研讨型教学活动，就是以合作学习形式为基础，形成研究与讨论的氛围，就而让学生在合作解决问题和研究讨论的过程中，能够理解、接受、掌握、运用所学的新知识和新技能，从中形成自主合作探究的能力。针对高校远程教育活动而言，"慕课"作为该行教学活动的代表，在教学资源的获取过程中，要将具有研究性的话题、真实案例材料、相关视频通过学科教学资源库和多类型教育网站进行资源检索，最终将其打包下载并上传至远程教育平台，以供学生去研究和探讨，最终形成理想的远程教育学习氛围。

② 数字时代背景下非远程教育合作研讨型教学活动教学资源获取

针对本书的创作而言，"非远程教育"教育指的就是学校教育，教育形式主要以在校课程教学为主，其教学方法的选择中，合作研讨型教学活动显然是较为理想的选择之一。其中，创设合作研讨情境、提出互动话题、组织研究讨论过程、开展课堂评价无疑是必经的流程。因此，在数字时代背景下远程研讨型教学活动教学资源获取的途径上，可将远程研讨型教学活动教学资源获取途径作为参考，同时在教学资源使用方面也存在一定的相似性，故而能够确保数字时代背景下教学资源能够更好地辅助高校学生学习活动的有效开展，充分发挥出教学资源的支持与服务作用。

二、教学资源处理

教学资源处理是全面实现教学资源高效应用，提升学生学习支持作用的关键环节。在此期间，教师既要明确教学资源处理的基本原则，又要制定出极具可行性的教学资源处理方案，实现教学资源应用效果的最大化，并让学生在学习过程中得到有力支持。

（一）教学资源处理的原则

教学资源处理是全面提升教学资源有效性，并为学生学习过程提供有力支持的重要保障，也是确保已经获取的教学资源能够有效进行分类、整合开发、利用，最终实现教学资源赋能学习支持服务的关键环节。所以在任何时代背景下的教学资源建设工作中，都必须将教学资源处理视为不可缺少的环节。尤其是在数字时代背景之下的教学资源建设道路中，操作既不能盲目，又要体现出高度的科学化与合理化。基于此，教学资源处理工作应将明确教学资源处理的原则置于首位，具体如图 4-2 所示。

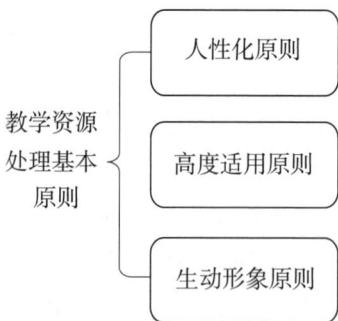

图 4-2　教学资源处理基本原则示意图

1.人性化原则

教学资源是促进学生学习效率进一步提升的重要支撑条件，所以教育部在最新一轮课程改革中明确指出，教学资源要保持高度丰富，为学生学习活动的深入进行提供有效服务。对此，在数字化时代背景之下，各类型教学资源的处理必须做到因人而异，体现出人性化色彩，这无疑是教学资源处理的首要原则。

2.高度适用原则

教学资源的丰富性虽然是影响学生学习质量的重要因素，但并不是唯一的影响因素，教学资源的适用性也会影响学生的学习效果。所以，在数字时代教学资源体系的建设中，不仅要强调丰富教学资源体系的结构与元素，更要将保证教学资源本身的高度适用性放在重要位置，而该项任务就落在教学资源处理环节之中。

3.生动形象原则

生动形象地展现出所要传递的信息，显然是增强学生信息记忆和增加信息理解深度的重要保证，赋予教学资源"灵魂"，为改善学生知识与技能的内化效果起到推动作用。因此，在数字时代背景下教学资源建设道路中，必须保证教学资源具备"生动形象"这一基本特征。

（二）教学资源处理的方案

教学资源处理的根本目的在于提高其适用性，确保教学资源本身的价值最大化。特别是在数字时代教学资源处理工作中，虽然教学资源与教学活动的相关性较高，但还是需要相应的处理方法才能充分体现。对此，必须有一套完整的处理方案作为支撑，由此为教师"教"与学生"学"提供强大的服务力。具体操作包括以下三个方面。

1.运用大众化的软件进行图片处理

ACDSee 作为一款较为基础的图片编辑、图片管理、图片浏览和图片处理软件，具有简单、易操作的特点，因此可以作为教学资源获取后的图片资源处理工具。在资源处理过程中，主要进行图像格式的转换、图像的裁剪、改变图像的大小、纠正倾斜的图像、添加文字、批量修改等操作，以此确保图片本身更加生动形象，促进学生更好地接受和理解图片所传递的信息。

2.运用大众化的软件进行视频处理

Format Factory 作为一款专业的视频格式转换软件，能够帮助用户解决一切多媒体格式转换问题。软件本身的便捷性，以及操作过程的简单化是该软件的特色所在，所以可作为常用的教学资源处理软件[①]。其主要具备视频转换、片段截取、音频提取、合并视频、混频等功能，能够满足教学视频资源深度优

---

① 王彤 . 中国高等英语网络教育学生支持服务生态体系建模研究 [M].北京：外语教学与研究出版社，2009：112-113.

化的具体需要，为学生学习过程中有效受到启发提供了重要保证。

3.运用大众化的软件进行音频处理

Cool Edit Pro 作为一款应用较为广泛的音频处理软件，由于具备录音、配乐、音频编辑等功能，所以受到广大用户的高度追捧，而简单、易操作的特点更让人们为之心动，将其作为音频处理工作的必要工具。对此，在教学资源处理过程中，也可选择该软件处理音频资源，为学生达到深度学习的状态提供更贴心的服务。

第三节　教学资源有效性应用

随着数字时代的飞速发展，教学资源体系的建设呈现出向数字化和信息化发展的趋势，为丰富教学资源和提高教学资源的适用性提供了广阔的平台。但是，拥有广阔的教学资源平台并不意味着应用效果得到充分保证，将后者转化为现实无疑是一项极为系统的工程，主要包括教学资源的有效获取、教学资源的有效处理、教学资源的有效应用三个方面。

一、教学资源获取的有效性

教学资源有效应用的前提是先具备教学资源，以怎样的方式获取教学资源是每一位教师有效运用教学资源时先要考虑的问题，具体如图 4-3 所示。

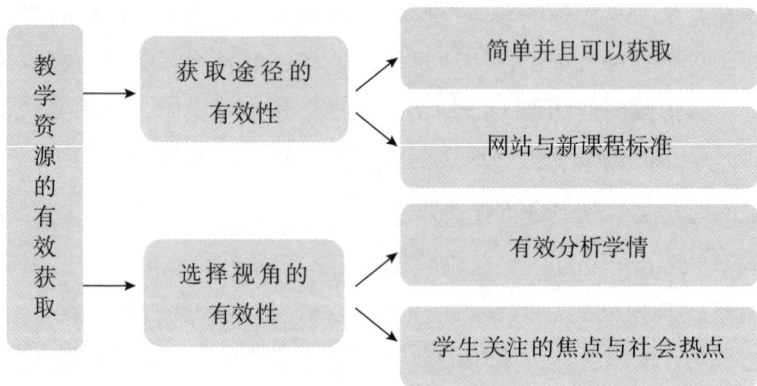

图 4-3　教学资源的有效获取

在图 4-3 中，将教学资源的有效获取划分为两个部分，接下来笔者阐述每一部分的具体内容。

（一）获取途径的有效性

数字时代背景下，教学资源获取的途径发生了巨大的变化，网络平台成为广大教师教学资源获取的首要选择，不仅获取的来源无限扩大，而且获取的过程简单、易操作，能够满足广大教师知识与技能传授和学生知识获取时的切实需要。

不可否认的是，网络平台具有信息高度开放的特点，只有确保信息获取途径正确，才能保证信息获取的有效性，教学资源获取途径的选择自是如此。而教考资源网、国家基础教育网、本地基础教育网等网站应视为明智之选。此外，新课程标准（2017年版）、学校电子图书馆和阅览室、教辅材料也应作为教学资源获取途径的有效补充。

（二）选择视角的有效性

教学资源的应用，目的在于达到甚至超出预期教学目标，为学生高效而又深度地学习提供有力支持。

对此，在确定有效的资源获取途径的基础上，应该将教学资源选择的视角加以明确。在此过程中，先结合学生学习的特点和学生学习的实际情况，再立足教学内容与目标，以此确定教学资源选择的主要视角[①]。纵观当前学生参与学习活动的切实需求，可以看出与生活相关，并且学生对社会热点问题的关注度较高，因此可以将其作为教学资源选择的主要视角，这样有利于教师进一步启发和引导学生进入到自主学习状态。

二、教学资源处理的有效性

开展教学资源处理工作的目的就是要让所获得的教学资源能够更好地进入学生学习活动之中，为学生学习过程带来启发，从而为学生学习活动提供有力支持。其包括教学资源处理方法和处理过程的有效性两个方面。

（一）处理方法的有效性

就当前教学资源处理工作而言，要想体现有效性，就要做到针对不同教学资源采用不同的处理方法。在此过程中，应先明确要针对哪些教学资源进行处

---

① 张剑平，陈仕品，张家华．网络学习及其适应性学习支持系统研究[M]北京：科学出版社，2010:28-35.

理，具体如图 4-4 所示。

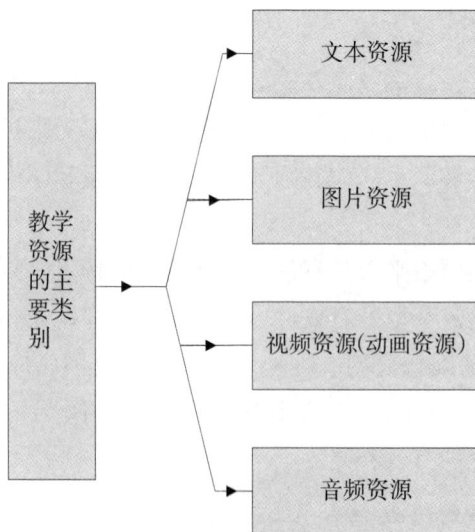

图 4-4　教学资源的主要类别

结合图 4-4 所呈现的信息，笔者认为，在文本材料的处理过程中，要结合文字识别软件，对文件、资料、报纸杂志、经验材料中的文字进行提取，将其以文字信息的方式呈现在学生面前，同时还要对语言表述的方法进行调整，以保证学生能够顺利接受所呈现的文字信息。

在图片处理过程中，要结合上文所提出的大众化软件，将图片可用的部分进行截取或组合，并对其色泽和大小进行有效调整，以保证图片所要传递的意境和信息更加直接。

在视频处理过程中，主要采用专业而又大众化的软件，进行视频剪辑和花字处理。

在音频处理过程中，主要采用专业而又大众化的软件，针对音频资源进行格式转换、编辑、合并、剪辑、录制等。

（二）处理过程的有效性

教学资源处理方法的高度合理是确保教学资源应用效果最大化的基础环节，而关键一环在于处理过程的高度有效，使教学资源为学生学习提供强大的支持力。

这就要求教师无论是在文字信息处理过程中，还是在图片、视频、音频资源的处理过程中，都必须以保证信息的清晰度为根本宗旨，以激发学生学习兴趣、促进学生产生强烈的学习意愿、满足学生学习过程中的学习需要为中心，以教学资源的高度有效性来保证教学资源应用效果，最终为学生学习提供有力支持。

三、教学资源应用的有效性

有效应用教学资源是学生学习活动有效获得支持的重要环节，而且学生学习效果也会在该环节中得到充分体现。伴随数字时代的到来，教学资源的高度丰富推动了教学手段的创新，而教学资源的有效应用要与教学手段紧密结合，具体操作如下。

（一）教学手段的有效选择

教学活动能否顺利开展，关键在于教学手段的选择是否合理，而教学手段的选择无疑为教学资源的应用架设平台，因此确保教学资源应用的有效性，必须将有效选择教学手段放在重要位置。

从成功的课堂教育过程来看，有效的教学手段主要体现在课堂三个阶段。在课堂导入阶段，应以创设理想教学情境为教学手段；在新课教学阶段，应该以设置师生互动话题和设置生生合作学习项目为教学手段；在总结与评价阶段，应以问题引导和双主体互评的方式为教学手段。

（二）应用过程的有效制定

教学资源的应用必然要凌驾于教学手段之上，因此教学手段的应用过程必然要与教学手段相适应，具体的应用方式如图 4-5 所示。

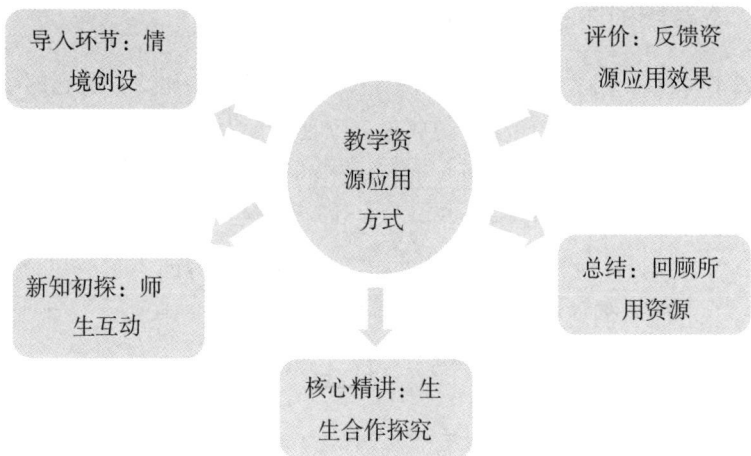

图 4-5　教学资源应用方式构成图

立足图 4-5 的应用过程，笔者认为，就课堂导入环节而言，教学资源的应用要以激发学生学习兴趣为出发点，与趣味问题之间形成紧密的联系，以求学生通过观看教学资源能够获得问题的答案，并以最快的速度进入到课堂学习环节之中。

就新知初探环节而言，教学资源的应用要以促进师生间的互动为主，为引导和启发学生快速掌握课堂重点提供促进作用。

就核心精讲环节而言，教学资源的应用要以推动生生间的合作为目的，促使学生能够自主分析和讨论问题解决方案，帮助学生以最快的速度攻克学习的难点，并实现知识与技能的内化。

就总结与评价环节而言，教学资源的应用要以促进学生建立完整知识结构，并养成良好学习习惯为目的，推动学生养成自主学习习惯的同时，为学生提供更多支持学习活动开展的有利条件。

第四节　本章小结

在本章内容中，笔者明确指出教学资源建设的三个一般步骤，每个步骤都要有明确的指向性，如此方可确保教学资源建设的过程始终拥有明确的目标，并且行动方案也会更加具体。笔者接下来就以此为立足点，对本章所阐述的主要内容和研究观点进行总结。

一、本章所阐述的主要内容

纵观本章三节内容不难发现，教学资源建设是一项极为系统的工程。其间，既要让教学资源设计环节有的放矢，又要针对教学资源获取和处理的方案进行高度明确，最后还要针对教学资源应用的有效性进行深入的分析，如此方可确保教学资源建设的总体方案具有高度的可行性。

教学资源建设必须从设计、获取与处理、应用三方面入手，让教学资源的合理性与丰富性、创新价值与应用价值得到全面体现，达到为"教"与"学"活动顺利开展并达到理想效果提供全方位支撑的目的。

二、本章所阐述的研究观点

在教学资源建设全过程中，教学资源设计显然是审视当今教育教学活动发展的切实需要，力保教学资源丰富性、适用性、创新性，最大限度发挥应用价值的环节。教学资源获取与处理无疑是确保教学资源能够得到有效加工，提升其应用价值的一项重要措施。教学资源的应用则是体现其应用价值的一条路径。因此，上述三个环节缺一不可，同时说明在数字时代背景下，教学资源赋能学习支持服务必须将其作为基础中的基础。

在此期间，不仅要明确教学活动类型之间存在的不同，有针对性地将其教学资源设计方案加以高度明确，更要立足教学资源获取与处理的现实情况，明确教学资源获取与处理的可行性方案，如此才能确保教学资源获取、处理、应用过程具备高度的可行性，而这也是教学资源切实做到有效应用和管理的先决条件。

第五章 教学资源应用与管理研究

教学资源的实用价值出自实际的应用过程，应用成果则直接反馈于教学资源管理阶段，有针对性地优化与调整管理措施，必然会使教学资源实用性、创新性、丰富性全面提升。因此，在数字时代背景下，教学资源体系建设与发展必须针对其应用与管理的过程，以及实际效果进行深入研究。在本章中，笔者立足课堂教学、远程教育、新型学习方式三个维度，对教学资源应用与管理效果加以客观呈现。

第一节 课堂教学过程中的应用

针对数字时代教学资源建设情况的研究而言，目前我国并没有关于高等教育数字资源建设情况的详细调查与分析。但是有些学者在技术教育方面进行了相关的问卷调查活动，这些数据对本书创作与研究具有一定的参考和借鉴价值。

其中，关于数字化教学资源类型、师生获取数字教学资源的渠道、数字资源实际使用与期望使用情况、数字教学资源服务资金支持来源情况的数据统计与分析结果的借鉴价值极高，能够反映出数字时代背景下我国教学资源建设赋能学习支持服务的迫切性[①]。在调查过程中，共收回调查问卷 151 万份，具体数据如图 5-1 至图 5-4 所示，分析结果在下文中也会逐一呈现出来。

---

① 陈明选，来智玲，蔡慧英.我国基础教育数字资源及服务：现状、问题与对策 [J]. 中国远程教育，2022(6)：11-20.

就数字化教学资源类型而言，如图 5-1 所示。

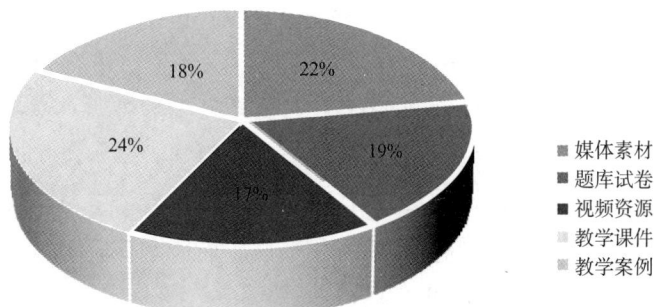

图 5-1　数字化教学资源类型统计图

如图 5-1 所示，当前我国众多学生中，针对数字化教学资源的需求已经做出了明确而又系统的反馈。其中，有 24% 的学生认为，数字化教学资源应以教学课件作为重要组成部分，还有 22% 的学生认为数字教学资源应该以媒体素材作为重要组成部分。另外，还有 19% 的学生认为数字化教学资源应该以题库试卷资源为主体，有 18% 的学生则是认为数字化教学资源应将教学案例作为重中之重。最后，还有 17% 的学生认为数字化教学资源应该将视频资源作为重要组成部分。综合以上问卷调查结果，可以总结出在数字时代背景下，教学资源建设应该将上述五类数字化教学资源同时作为不可缺少的部分，由此方可确保赋能学习支持服务的效果达到最大化。

就师生数字教学资源获取渠道而言，如图 5-2 所示。

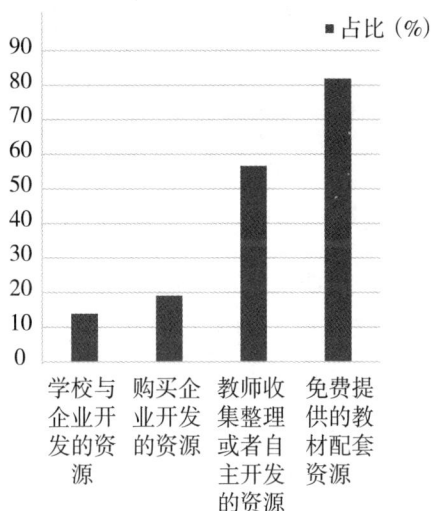

图 5-2　师生数字教学资源获取渠道统计图

如图 5-2 所示，在当前数字教学资源获取途径的问卷调查中，有 81.9%的学生认为，普遍来自免费提供的教材配套资源，这些资源不会占用学校任何经费，并且能够基本满足学生日常学习的需要。另外，还有 56.6%的学生认为，数字教学资源通常来自教师收集整理或自主开发的资源，这些资源具有一定的差异性和适用性，而这充分说明这些教师在数字教学资源建设方面能够体现出一定的创新性。还有少部分学生认为，当前数字教学资源通常通过向相关企业购买，或者是与企业共同开发的方式形成，而这充分说明当前我国数字教学资源获取渠道还有极大的拓展空间。

就数字资源实际使用与期望使用情况而言，如图 5-3 所示。

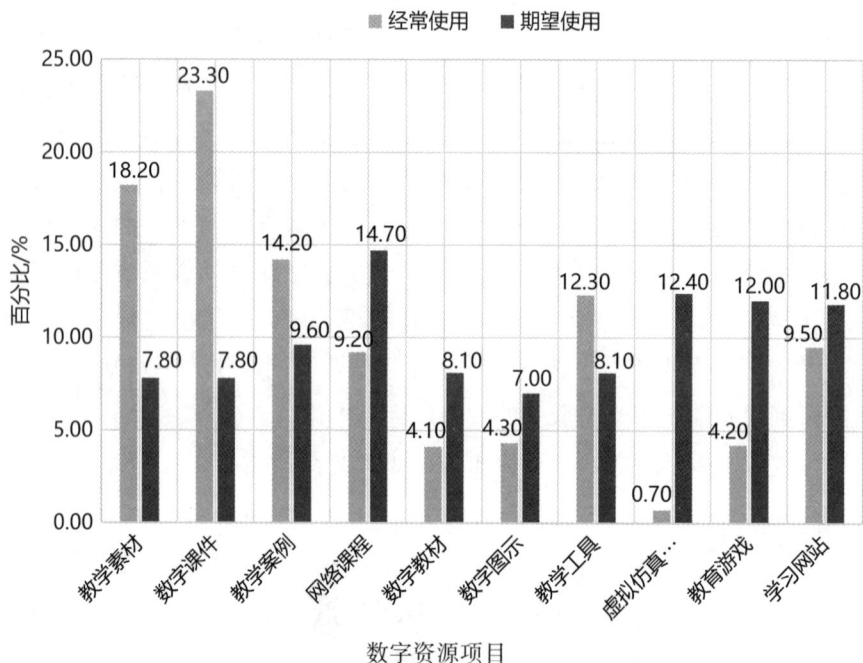

图 5-3   数字资源实际使用与期望使用情况统计图

如图 5-3 所示，学生已经明确当前实际使用的教学资源，以及所期望使用的数字资源。其中，实际与期望相差最大的莫过于数字仿真类教学资源。在教育游戏方面，有 4.20%的学生认为在实际学习活动中已经接触到，还有 12.00%的学生依然对其抱有极大的期望，现实与期望之间的差距达到 7.80%。在数字教材方面，只有 4.10%的学生认为已经接触到，8.10%的学生却对其抱有较大的期望，希望在学习活动中能够接触到。还有几项数据相差并不十分明显，笔者不再进行一一列举。这些现实与期望之间差距较大的数据都是数字教学资源的代表，由此可见，在数字时代背景下，数字教学资源设计、开发、应用、管理方面依然有着极大的完善空间。

就数字教学资源服务资金支持来源情况而言，如图 5-4 所示。

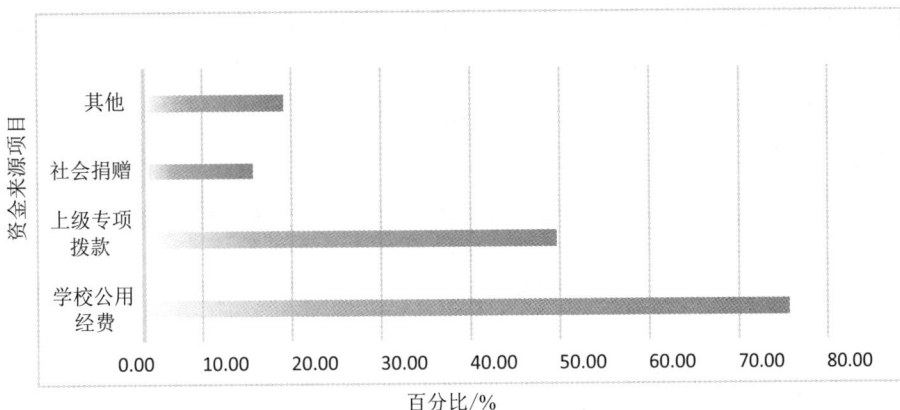

图 5-4　数字教学资源服务资金支持来源情况

如图 5-4 所示，学生已经明确了我国数字教学资源服务资金支持来源，主要包括四个方面，其中占比最多的无疑是学校公用经费，已经占到 72.30%。其可以充分说明学校作为数字教学资源设计与开发的主体，直接影响其成果的产生。除此之外，还有 46.20% 的学生认为，资金支持主要源自上级拨款，上级拨款力度的大小直接影响数字教学资源的设计与开发，并直接作用于教学活动最终呈现的效果。另外，还有 12.20% 的学生认为，数字教学资源设计与开发的经费来自社会捐赠，捐赠数额的多与少直接影响数字教学资源设计与开发的整体效果。最后，还有 15.60% 的学生认为，数字教学资源设计与开发经费并不来自上述三种渠道，并且在渠道方面具有一定的不确定性，所以数字教学资源设计与开发所取得的成果也存在极大的不确定性。

针对高等教育阶段而言，课堂教学依然是教学活动的主要形式，因此本章作为本研究调查取证工作的主体，主要针对当前课堂教学中教学资源应用情况以及应用效果进行深入了解，从而判断在数字时代背景下，教学资源建设对学生学习支持的作用与价值，为有效提高教学资源建设与学生学习支持的匹配度提供重要的依据，确保数字时代教学资源建设成为学生知识与技能、过程与方法、情感态度与价值观全面发展的有力推手。

一、应用的过程

从教学资源应用的全过程出发，资源获取、资源处理、资源应用、效果分析是教学资源应用不可缺少的环节。其中，资源有效获取是根本前提，必须放在教学资源有效应用的首位。基于此，在研究数字时代教学资源对学生学习的支持与服务作用时，必须对课堂教学资源的应用状况加以高度明确，教师教学资源获取情况必须放在第一位。以下就针对研究对象教学资源获取的途径进行深入了解，教师访谈记录情况的数据统计如表 5-1 所示。

表 5-1　关于课堂教学资源获取的途径的教师访谈数据统计表

获取途径	教辅材料节选	教学资源库获取	教育网站获取
所占人数	7 人	11 人	17 人
所占比例	20.00%	31.43%	48.57%

注：数据源自教师访谈记录表

在课堂教学资源的获取途径这一问题中，绝大多数教师认为，众多教育网站是普遍选择，持有该观点的教师占到访谈总人数的 48.57%。其中，将"教考资源网""国家基础教育网""本地基础教育网"等网站作为基本选择，同时还会附加国内教育优势地区的名校和名师资源，力求教学资源实现最大化，满足全班学生在学习过程中的各种需要，为之提供强有力的学习支持和服务条件。另外，还有一部分教师认为，在日常课堂教学活动中，教学资源主要来自学科教学资源库，用广大教师通过网络分享的教学资源开展教学活动，以达到丰富学生学习内容，激发学生课堂学习兴趣的目的，这一部分教师占到访谈总人数的 31.43%。另外，仅有 20.00% 的教师认为，通过节选教辅材料的方式获取教学资源更为直接，可以随时使用教学资源，并且这些教学资源都是其他教师在教学活动中反复实践过的，成熟度较高。但不可否认的是，教辅资料能够呈现的教学资源类型和数量有限，尚不能为学生开展高效学习和深度学习提供最大化的支持与服务。因此，在数字时代背景下，教师在课堂教学资源获取方面还有可提升之处。

课堂教学资源进入到应用环节必须经历一系列流程，其中不仅包括资源的获取，还包括资源的有效处理。因此，了解教师课堂教学资源的处理方式成为判断教学资源课堂应用效果的重要依据。以下就针对研究对象课堂教学资源处理的方式进行深入了解，教师访谈记录情况的数据统计如表 5-2 所示。

表 5-2　关于课堂教学资源处理方式的教师访谈数据统计表

处理方式	直接使用	专业处理	简单处理
所占人数	6 人	10 人	19 人
所占比例	17.14%	28.57%	54.29%

注：数据源自教师访谈记录表

　　从表 5-2 教师访谈结果来看，教师通过相应的途径获取教学资源之后，普遍都会进行简单处理或专业处理，持有这两种观点的教师分别占到访谈总人数的 54.29% 和 28.57%。持有"简单处理"这一观点的教师普遍认为，从"教育网站"或"学科教学资源库"获取的教学资源适用性较高，并且自己尚不具备专业的图片、视频、音频处理技能，如果强行进行处理，不免会出现处理不当的情况，有降低资源应用价值的风险，所以在处理课堂教学资源时只进行格式转换、调整文件的大小等基本操作。持有"专业处理"这一观点的教师认为，要想让教学资源应用价值最大化，必须经过精心的处理，让文字、图片、视频的画面更加和谐，背景更容易被学生接受，音频资源更加清晰，这样才能引起学生的高度注意，使其更愿意接受这些教学资源，又有助于学生从中加以深度思考并在教师的引导下受到启发。仅有 17.14% 的教师认为，在做到教学资源有效获取之后，直接将之搬到教案之中，应用于课堂教学即可，不需要进行简单或专业的处理。持这一观点的教师获取资源方式是节选教辅材料，往往是以文字或图片的形式呈现在学生面前，因此并不需要进行特殊处理。但不可否认的是，有效处理教学资源是提升使用效果的关键条件。所以就整体而言，教师在教学资源使用过程中的处理方式上依然需要不断改进。

　　课堂教学资源应用方式直接影响到应用效果，学生学习过程的支持与服务作用也会尽显无遗。对此，以下就针对研究对象教学资源应用方式进行深入了解，从中找寻应用方式的优势与弱势，教师具体访谈结果的数据统计如表 5-3 所示。

表5-3　关于课堂教学资源应用方式的教师访谈数据统计表

应用方式	创设情境	师生互动	生生合作
所占人数	14 人	12 人	9 人
所占比例	40.00%	34.29%	25.71%

注：数据源自教师访谈记录表

　　从表5-3教师访谈结果出发，可以直观感受到教师在课堂教学资源应用方式上的侧重点各有不同。其中，有40.00%的教师认为，自己在课堂教学活动中，更加侧重于在情境创设方面使用教学资源，因为教学情境的创设属于课堂导入环节的重要任务，能够有效激发学生课堂学习的兴趣，是课堂教学走向成功的关键。还有34.29%的教师认为，"师生互动"环节是有效引导和启发学生思考，帮助学生以最快速度掌握课堂学习重点的主要环节，在该环节强调教学资源的应用能够确保支持和服务学生学习的力度达到最大化。此外，还有25.71%的教师认为，"生生合作"环节是学生真正实现知识与技能内化，提高合作探究能力的主要载体，因此在该环节有效应用教学资源的效果最佳，教学资源为支持与服务学生学习的效果最为明显。纵观以上观点，虽然准确性较高，但都在一定程度上伴有片面性色彩。究其原因，主要是"课堂导入""师生互动""生生合作"三个环节都是课堂教学的重要组成部分，每个环节都要确保教学资源能够为学生学习提供支持与服务，所以教学资源的应用应侧重课堂教学全过程。由此得出结论：当下教师在课堂教学资源使用方式上还需要进一步调整。

　　评定课堂教学资源应用效果的对象是学生。以下就针对学生调查问卷进行数据统计，以此探明学生对教师使用教学资源方式的满意程度，问卷调查统计结果如表5-4所示。

表5-4　关于课堂教学资源应用方式的学生问卷调查结果统计表

应用方式	自己体会	教师明确	教师引导与启发
所占人数	37 人	26 人	72 人
所占比例	27.41%	19.26%	53.33%

注：数据源自学生问卷调查表

通过表5-4中针对135份有效学生调查问卷结果的整理可以看出，占问卷调查总人数一半以上的学生认为，教师在应用教学资源的过程中，普遍是借助教学资源进行引导和启发，让自己经历形成疑问和探索疑问的过程，一步步找到解决问题的方案。还有19.26%的学生认为，在课堂教学活动中，教师应用教学资源的方式就是将教学资源中呈现的内容传授给自己，让自己在最短的时间内明确教学资源所要传递的信息，加快自己对教学资源的理解速度，进而确保学习效率的提升。另外，还有27.41%的学生认为，教师在使用教学资源开展教学活动时，往往会让自己去体会教学资源中究竟传递了怎样的信息，并且从中思考与本次课堂学习存在怎样的联系，说出自己的想法和实践方案之后，教师会加以评价，并给出相应的建议。纵观上述三种应用方式的实施过程，学生认为，"教师引导与启发"是最理想的，也是自己学习过程中最想要的，其不仅能够为师生共同参与课堂教学活动营造一个良好的氛围，更能为学生开展高效率学习，并实现深度学习提供有力的支持和服务，而"自己体会"和"教师明确"两种教学资源使用方式需要加以改善。

二、应用的效果

教学资源应用效果是对教学资源的获取、处理、应用过程是否科学合理的客观评定，应用效果较为理想是对以上三项工作环节的肯定，反之，则不然。应用效果既要从学生层面体现，又要从教师层面体现，如此才能确保评定结果的客观性。对此，以下就针对课堂教学中教学资源应用的学生满意度进行直观体现，学生问卷调查结果数据统计如表5-5所示。

表5-5　课堂教学中教学资源应用的学生满意度

满意程度	非常满意	比较满意	不满意
所占人数	66人	53人	16人
所占比例	48.89%	39.26%	11.85%

注：数据源自学生问卷调查表

纵观表5-5中的问卷调查结果统计数据，可以看出在课堂教学活动中，学生针对教学资源应用效果普遍持有满意态度，认为自己在教学过程中能够受到教学资源的启发，为自己学习提供一定的支持和服务。其中，有48.89%的学生持有"非常满意"的态度，有 39.26% 的学生持有"比较满意"的态度，仅有 11.85% 的学生持有"不满意"的态度，这充分说明了课堂教学资源的应用总体能够为学生学习提供有效的支持和服务，但仍然要努力将持有第一种观点的学生所占人数比例进一步提升。

教师自身评价课堂教学资源应用效果是有效进行自我审视的途径之一，以下就针对教师对于课堂教学中教学资源应用的满意度进行全面了解，具体访谈结果数据统计如表 5-6 所示。

表 5-6 课堂教学中教学资源应用的教师满意度

满意程度	非常满意	比较满意	不满意
所占人数	19 人	12 人	4 人
所占比例	54.29%	34.29%	11.42%

注：数据源自教师访谈记录表

通过观看表 5-6 呈现出的数据，最直观的感觉莫过于教师普遍对自己课堂教学中教学资源应用的效果持满意的态度。其中，有 54.29% 的教师对自己在教学资源的获取、教学资源的处理、教学资源的应用方面给予高度肯定，认为这几个方面为学生学习提供的支持与服务较为明显。还有 34.29% 的教师认为，自己在课堂教学活动中应用教学资源的效果比较明显，对应用的过程比较满意，能够为学生学习提供一定的支持和服务，为学生知识、技能、能力的升华起到了积极推动作用，学科核心素养也因此得以提升。仅有 11.42% 的教师认为，在课堂教学活动中，教学资源应用的全过程并未达到预期效果，应用的某个环节还要进一步加强，而这也是在数字时代背景下教学资源建设有效支持和服务学生学习所要努力的方向。

三、应用的可提升之处

通过了解目前课堂教学活动中教学资源应用的现状与效果发现，虽然在运用教学资源时呈现出系统化的特点，但是在应用的各个环节上还存在明显的可提升空间，具体内容如下。

（一）教学资源获取的途径较为理想，但资源库数量有待增加

就当前已有的教学资源库而言，已经呈现出学科全覆盖的局面，但是正规

的教育网站却存在较大的待开发空间，由此导致教师在获取教学资源的过程中，虽然选择的获取途径高度准确，但是资源的类型方面较为固定，很多资源库和教育网站的教学资源存在"重叠"现象，这也对课堂教学资源支持和服务学生学习造成了一定影响，而该现象亟待解决。

（二）教学资源处理的专业程度有待提升

纵观当前教师在课堂教学资源获取后的资源处理状况，不难发现，很多教师在教学资源处理过程中很难进行专业化处理，由此导致教学资源本身的作用与价值难以得到有效发挥，对学生学习过程中所起到的支持与服务作用大幅度降低。因此，全面提高教学资源库中的资源质量，以及提高教师教学资源处理的专业程度应视为提高学生学习支持与服务作用的重要条件。

（三）教学资源应用的侧重点过于单一

结合上文中课堂教学活动教学资源应用现状的介绍以及应用效果的阐述，可以看出教师在教学资源应用过程中，关注的重点主要是课堂导入、师生互动、生生合作的某一个环节，并未能在课堂教学全过程对教学资源合理应用，这样势必会导致学生学习积极性不能得到充分激发，掌握课堂教学重点的速度偏慢，攻克学习难点的效率偏低，知识、技能、能力、素养的内化效果不佳等情况出现。

第二节　远程教育中的应用

远程教育作为教育教学活动的一种形式，通常称之为"线上教育"，而教学资源的应用过程直接影响到学生的学习状态与成果，并从中体现出对学生学习的支持与服务作用。基于此，本节就针对远程教育中教学资源的应用过程进行阐述，从而说明远程教育教学资源应用现状。

一、应用的过程

远程教育活动中，教学资源的有效应用是一项系统工程。要想确保应用效果理想化，必须有一条极为合理的教学资源获取途径。以下就针对远程教育活动中教师教学资源获取情况进行深入了解，教师相关访谈结果数据统计如表5-7所示。

表5-7 关于远程教育资源获取途径的教师访谈数据统计表

获取途径	教辅材料节选	教学资源库获取	教育网站获取
所占人数	3 人	17 人	15 人
所占比例	8.57%	48.57%	42.86%

注：数据源自教师访谈记录表

结合表5-7体现出的数据不难看出，在实施远程教育的过程中，教师教学资源获取的途径主要是通过教学资源库获取，持有这一观点的教师占到访谈总人数的48.57%。在数字时代，我国大力倡导各级各类学校、各个学科建设教学资源库，其目的是完善教学资源的结构，丰富教学资源的种类、增加教学资源数量，实现教学资源的高度共享，极大程度上为远程教育活动的开展提供了强有力的资源保障，并且为学生学习活动的开展提供大力支持和服务。主要在教育网站上获取资源有42.86%的教师，在远程教育活动中，各大教育网站均成为教学资源获取的主要路径。此外，还有8.57%的教师认为，在远程教育活动中，教学资源的获取在一定程度上还依托教辅材料的截取，虽然不是作为获取方式的主要选择，但可以作为资源的备用途径。由此可见，当前远程教育教学资源获取的路径普遍较为理想，能够为学生高效率和深度学习提供有利的资源保障。

无论是在哪一种教育形式中，教学资源的应用都需要经历完整的过程，教学资源的获取只是第一步，而教学资源的处理是必要环节之一，为教学资源能够有效应用于教学活动中，为学生学习全过程提供有力支持和服务提供保障，远程教育活动的开展自是如此。下面就针对远程教育活动中教师教学资源处理现状开展相应的教师访谈工作，具体数据统计结果如表5-8所示。

表5-8 关于远程教育资源处理方式的教师访谈数据统计表

处理方式	直接使用	专业处理	简单处理
所占人数	0 人	7 人	28 人
所占比例	0	20.00%	80.00%

注：数据源自教师访谈记录表

结合表5-8的数据可以看出，在远程教育资源应用过程中，教师普遍会在获取教学资源后进行简单处理或者专业化的处理，然后再将其应用到远程教育教学活动中去，确保学生最大限度地理解并接受教学资源所传递的信息，并从中受到更为深刻的启发。有 80.00% 的教师认为，自己在远程教育活动过程工作中，将教学资源的简单处理视为重要的工作内容，其间会将视频和音频的格式进行有效的转化，还会将所获取的图片资料和文字信息结合教学内容进行相应的裁剪，并将图片和文字的大小进行重新调整，以求学生能够清楚看到图片信息和文字信息，让教学资源中所要传递的信息充分呈现在学生面前，以供学生参考、借鉴、思考并从中受到一定的启发。有 20.00% 的教师认为，自己在实施远程教育活动之前，通常会对文字信息、图片资源、视频资源、音频资源的格式进行调整，随后根据图片的画质、视频的清晰度、音频的噪音程度进行相应的专业处理，确保画质高清、画面高度和谐、音质高质量，让画面和声音达到"灵动"的标准。这充分说明在当前远程教育活动中，教师教学资源处理工作开展较为理想，只要尽量提高教学资源处理专业软件应用水平，对学生学习提供的支持与服务作用就能够得到基本保证。

远程教育与常规的学校教育存在本质上的不同，远程教育具有隔空性，所以教学资源的使用必须以教师能够掌控教学活动的局面为根本前提，而有效激发学生的学习兴趣，并且与学生之间保持良好的隔空互动就成为重中之重，进而体现教学资源对学生学习的支持与服务作用。对此，以下就针对远程教育活动中教师教学资源应用方式进行深入了解，具体教师访谈数据统计如表 5-9 所示。

表 5-9　关于远程教育资源应用方式的教师访谈数据统计表

应用方式	创设情境	师生互动	生生合作
所占人数	13 人	22 人	0 人
所占比例	37.14%	62.86%	0

注：数据源自教师访谈记录表

结合表 5-9 呈现出的数据可以看出，教师在远程教育活动中主要采用两种应用方式，第一种是运用教学资源努力创设理想的教学情境，目的是要让教学活动拥有一个较为理想的开端；第二种是利用教学资源与学生之间形成隔空互动，确保教学资源能够成为自己启发学生的有力条件，帮助学生保持良好的学习状态。持有第一种观点的教师占到访谈总人数的 37.14%，持有第二种观点的教师占到访谈总人数的 62.86%。虽然教师存在的这两种观点的出发点都是为了帮助学生更好地保持学习状态，但是教学资源支持和服务学生学习应是全过程的，不能只注重远程教育的某一阶段或某一环节，而忽视其他环节。由此可知，上述两种应用方式都存在单一性，应进一步提高教学资源应用的全面性，如此才能让对学生学习支持与服务的作用达到最大化。

正如前文所述，教学资源应用是否成功，关键在于学生是否认可。对此，以下就针对远程教育教学资源应用方式的学生调查问卷结果加以统计，从中以学生的视角了解当前远程教育活动中，教师教学资源应用方式的基本情况，问卷调查结果数据统计如表 5-10 所示。

表 5-10　关于远程教育教学资源应用方式的学生问卷调查结果统计表

应用方式	自己体会	教师明确	教师引导与启发
所占人数	16 人	48 人	71 人
所占比例	11.85%	35.56%	52.59%

注：数据源自学生问卷调查表

结合表 5-10 呈现出的数据，不难发现，在远程教育活动中，教师采用的教学资源应用方式主要有三种，第一种是让学生自己去体会，第二种是教师直接为之明确教学资源所传递的信息是什么和作用体现在哪里，最后一种是通过引导和启发的方式，帮助学生深刻感悟教学资源真正说明了什么，意义与作用又是什么。其中，持第一种观点的学生占问卷调查总人数的 11.85%，持有第二种观点的学生则站到问卷调查总人数的 35.56%，持最后一种观点的学生占问卷调查总人数的 52.59%。由此可见。但是还有一部分学生认为，教师在远程教育活动中使用教学资源时对自己的引导和启发作用并不明显，还需要进一步改进。

二、应用的效果

教育资源的应用直接作用于学生，所以应用效果的体现必须来自学生，进而评价教师在教学资源应用全过程是否科学合理，是否能够真正为学生学习提供强有力的支持与服务。对此，以下就针对学生关于教学资源应用的满意度加以明确阐述，具体问卷调查结果数据统计如表 5-11 所示。

表5-11　远程教育中学生对教学资源应用的满意度

满意程度	非常满意	比较满意	不满意
所占人数	73 人	53 人	9 人
所占比例	54.07%	39.26%	6.67%

注：数据源自学生问卷调查表

　　通过表 5-11 呈现出的数据，不难发现，学生对教师在远程教育活动中对教学资源的应用效果很满意。有 54.07% 的学生认为，教学资源的应用过程伴随教师的引导和启发，真正与教师形成了隔空互动，进而对自己的学习提供了强大的支持力和服务力，因此持有"非常满意"的态度。有 39.26% 的学生认为，在参与远程教育活动过程中，教师所提供的教学资源对自己的学习过程产生了一定的积极影响，但并不是非常明显，教师通过教学资源应用过程为自己带来的启发并不直接，只有对自己学习过程提供一定的支持和服务，因而持有"比较满意"的态度。

　　远程教育教学资源应用效果的呈现与课堂教学中教学资源应用效果的评定相一致，教师自我评价是其中的关键一环，是教师针对教学资源应用全过程有效进行自我审视的主要路径。为此，以下就针对教师层面的应用效果进行具体分析，教师访谈结果数据统计如表 5-12 所示。

表5-12　远程教育中教师对教学资源应用的满意度

满意程度	非常满意	比较满意	不满意
所占人数	14 人	18 人	3 人
所占比例	40.00%	51.42%	8.58%

注：数据源自教师访谈记录表

　　从表 5-12 中所呈现的数据来看，广大教师对自己在远程教育活动中应用教学资源的效果比较满意，所以对应用的全过程和最终收获的成果持有满意态度。有 40.00% 的教师认为，在日常远程教育活动开始之前，无论是在教学资源的获取方面，还是在教学资源的处理与应用方式上都较为满意，能够起到有效支持和服务学生学习的作用。有 51.42% 的教师认为，在远程教育活动的准备工作中，教学资源的获取、教学资源的处理、教学资源的应用方式上，或多或少会存在不完善的情况，但总体而言对学生远程学习所起到的支持与服务作用依然比较明显，所以持有"比较满意"的态度。

三、应用的可提升之处

就远程教育活动中教学资源应用的具体现状和效果而言，虽然成效较为明显，但是在应用层面依然存在较大的可提升空间，具体内容如下。

（一）选择教学资源时的师生互动性应进一步提升

通过对远程教育中教学资源应用现状以及应用效果的阐述能够看出，教师在教育资源应用过程中已经将师生间的互动放在了重要位置，以求为学生提供强有力的引导和启发，让教学资源对学生学习的支持与服务作用达到最大化。但是在教学资源的应用效果方面，还有一部分学生没有持有"非常满意"的态度，这也说明了在远程教育活动中，教师在选择教学资源时还要进一步强化师生互动性。

（二）教学资源处理的专业度要进一步加强

教师在远程教育活动中应用教学资源的过程中可以发现在资源处理环节还有可提升空间。由于远程教育对画面和声音方面要求较高，所以该环节过于薄弱会直接影响教学资源的应用效果，进而也会导致对学生学习所提供的支持与服务难以实现最大化。因此，全面提高教学资源库中的资源质量，以及提高教师教学资源处理的专业程度是有效避免该制约的重要手段。

（三）教学资源使用方式应得到有效延展

针对当前远程教育活动教学资源应用方式而言，集中体现在教师带领学生顺利进入教学活动，或者在"教"与"学"的过程中与学生保持积极的互动，但缺少对学生知识、技能、能力、素养内化的引导与启发。也就是说，教学资源的应用过程中尚未考虑到帮助学生以最快的速度攻克学习的难点，只是注重支持和服务学生以最快的速度掌握学习的重点，因此教学资源使用方式应得到有效延展。

第三节　新型学习方式中的应用

新型学习方式是在教育技术不断革新和教学资源迈向数字化背景下形成的，两者缺一不可。教学资源的有效应用立足于教育技术的飞速发展，本节就针对数字时代教学资源在新型学习方式中的应用现状、效果、可提升空间、路径作出明确阐述。

一、新型学习方式概述

随着教育技术的发展和数字时代的到来，教育教学活动开展的方式发生变化，新型教学方式相继出现，为学生学习活动的高效率进行提供了极为理想的平台。为此，本节就针对新型学习方式进行详细介绍，主要包括最常见的新型学习方式、新型学习方式的特点、新型学习方式的教学流程三个方面。

（一）最常见的新型学习方式

就当前而言，应用最为普遍的新型学习方式莫过于"自主学习"。教师通常认为，自主学习是学生的一种学习状态，其实它是一种教学模式，可以帮助学生形成一种主动学习的状态。在教学方案设计方面，必须有趣味导入作为前提，还要有极具互动性的互动话题和学习探究项目作为支撑，还要具有过程性的教学评价作为重要保证。

趣味导入的目的是激发学生的学习兴趣，让学生带着浓烈的学习兴趣进入课堂学习中。设置互动话题和学习探究项目的目的包括两方面：一是让学生浓烈的学习兴趣能够得到长时间保持，营造出一个良好的学习氛围；二是注重引导和启发，帮助学生实现以最快速度掌握和攻克学习重点与难点，并实现课堂所学知识与技能的内化，促进学生能力与素养的全面发展。在过程性评价中，主要针对学生自主学习过程中的状态和收获作出客观点评，并向学生提出建设性意见与建议，为学生更好地开展学习活动提供支持与服务。

（二）新型学习方式的特点

通过上文对新型学习方式的概述，可以直观感受到教学方案中一切教学活动都是围绕学生的"学"展开，教师发挥引导和启发的作用，促进学生进行高

77

效和深度学习。所以，"以学生为主体"是新型学习方式的主要特点，"满足学生学习时的需要"是新型学习方式的最终追求。在此期间，教师与学生处于平等的地位，师生之间和生生之间可进行密切交流，共同探索发现问题、分析问题、解决问题，建立起"学习共同体"，实现"教"与"学"成果的最大化。

（三）新型学习方式的教学流程

就最常见的新型学习方式（即自主学习）而言，教学活动的基本流程如下。

第一，创设理想的课堂学习情境。该环节作为新型学习方式有效进行的基础，能够有效激发学生参与学习活动的兴趣。常见的学习情境主要有问题情境、生活情境、文化情境、游戏情境等。第二，促进师生间进行双边互动。该环节作为学生掌握学习重点的平台，是学生理解和接受所学知识与技能的载体，可以提高学生的学习效率。第三，明确学习探究项目和流程，落实学习探究项目中的各个环节。该环节是教师深度引导和启发学生，帮助学生实现知识与技能内化，并且促进学生能力与素养得到全面提升的平台，还可以营造良好的学习氛围。第四，针对学习的全过程进行师生互评。在学习结束后，要针对学生学习的具体表现与收获进行客观点评，肯定学生"所想""所思""所做"的同时，为之提供更具可行性的建议与意见，力保"教"与"学"的过程走向成功。在此过程中，教学资源可发挥出至关重要的作用，为学生学习活动的高效开展提供支持和服务。

二、新型学习方式中教学资源应用现状与效果概述

上文中明确指出当前使用最广、效果最佳的新型学习方式为"自主学习"，学生要想达到自主学习的状态需要诸多条件作为保证，有效应用丰富的、与学习活动高度匹配的、实用性和效果性较高的教学资源就是重要的保障条件。在数字时代背景下，要想让新型学习方式对学生学习提供有力支持与服务，就需要对其应用现状以及应用效果进行全面了解。

（一）新型学习方式中教学资源应用现状的阐述

数字时代下的教学资源具有高度开放性，能够为广大教师"教"和学生"学"的活动提供前所未有的支持与服务，新型学习方式的出现就是要让教学资源和教学手段转化为学生高效率学习的过程和理想的学习成果，此时教学资源的应用是根本前提，而一切教学手段的实施都要有充足的教学资源作为前

提。因此，教学资源应用过程是否高度合理就成为关键所在。以下就围绕研究对象的教学资源获取、处理、应用方式的具体现状进行具体阐述，为明确数字时代背景下教学资源对新型学习方式中学生学习提供的支持与服务提供重要依据具体如表 5-13 至表 5-15 所示。

表5-13　新型学习方式中教学资源的获取情况

获取途径	教辅材料节选	教学资源库获取	教育网站获取
所占人数	5 人	12 人	18 人
所占比例	14.29%	34.29%	51.42%

注：数据来源教师访谈记录表

通过表 5-13 的数据可以看出，在新型学习方式教学活动中，教师极为注重教学资源的获取工作，并且在资源获取路径的选择上，能够做到运用数字时代所提供的便捷条件，通过"学科教学资源库"和"国家或地方教育网站"获取教学资源，教学资源的质量得到保证的同时，极大程度上丰富了教学资源的种类和数量。持有第一种观点的教师占到访谈总人数的 34.29%，持有第二种观点的教师占到访谈总人数的 51.42%，这充分说明在新型学习方式下的教学资源获取情况较为理想，而这一现状需要做到长时间保持。

在上文中已经明确指出，教学资源的处理是确保教学资源应用效果最大化的有力保障条件之一，也是最大限度地支持与服务学生学习全过程的一项重要举措。对此，新型学习方式下教学资源的有效应用必须将资源处理视为重中之重，下面就针对研究对象在新型学习方式下的教学资源处理情况加以明确。

表5-14　新型学习方式中教学资源的处理情况

处理方式	直接使用	专业处理	简单处理
所占人数	6 人	6 人	23 人
所占比例	17.14%	17.14%	65.72%

注：数据源自教师访谈记录表

通过观看表 5-14 呈现出的数据，能够直观感受到在新型学习方式全面实施之前，普遍都对已经获取的教学资源进行相关处理，但处理的程度并不一致。有 65.72% 的教师认为，自己只能对已获取的教学资源进行简单处理，如对视频与音频的格式进行调整、对文字信息进行校对和信息表达方式的调整、如对图片资料的大小进行调整，并不会其他方面的操作。可以做到对已获取的教学资源进行专业处理的教师只占调查总人数的 17.14%，与"直接使用"已获取的教学资源的教师所占比例相同。

随着数字时代的飞速发展，教学资源建设也呈现出明显的数字化趋势，虽然资源获取途径增多，并且资源处理方式正趋向于专业化，但应用方式是否理想依然会影响对学生学习的支持与服务程度。为此，以下就针对新型学习方式下的教学资源应用方式进行阐述，教师访谈结果数据统计如下。

表 5-15　新型学习方式中教学资源的应用方式

应用方式	创设情境	师生互动	生生合作
所占人数	11 人	13 人	11 人
所占比例	31.43%	37.14%	31.43%

注：数据源自教师访谈记录表

结合表 5-15 呈现出的数据，能够看出教师采用的教学资源应用方式主要侧重三个方面，并且每个侧重方面的人数比例大致相等。将重点放在创设情境和生生合作环节的教师各占调查人数的 31.43%，其余的教师将重点设置在师生互动环节。持有第一种观点的教师认为，兴趣的激发是学生实现自主学习的基础，所以必然要有大量的教学资源作为支撑。持有第二种和第三种观点的教师认为，师生互动和生生合作是形成自主学习氛围必不可少的因素，前者和后者均可为学生提供有效的引导和启发，所有教学资源必须在师生互动或者生生合作环节充分应用。其中，持有第二种观点的教师占访谈总人数的比例相对较高，为 37.14%。

学生视角下的教学资源应用效果体现为教学资源应用方式是否合理，能否为自己学习活动提供有力的支持和服务。为此，以下就针对学生视角下的新型学习方式中教学资源应用方式进行深入了解，具体问卷调查结果的数据统计如表 5-16 所示。

表 5-16　关于新型学习方式中教学资源应用方式的学生问卷调查结果统计表

应用方式	自己体会	教师明确	教师引导与启发
所占人数	11 人	16 人	108 人
所占比例	8.15%	11.85%	80.00%

注：数据源自学生问卷调查表

　　立足表 5-16 呈现出的数据，可以看出在新型学习方式下的教学资源应用过程中，教师能够做到通过教学资源为学生提供相应的引导和启发，使其发现与本课学习相关的新问题、提出新问题、分析新问题和解决新问题，由此提高学习的主动性。可是，依然有 8.15% 和 11.85% 的学生认为，教师在应用教学资源的过程中强调"自己体会"，或者将教学资源所要传递的信息直接明确给自己，以提高自主学习的效率。

（二）新型学习方式中教学资源应用效果的阐述

　　新型学习方式之所以形式新，是因为学生学的过程与传统的"授受式"教学方式不同，更看重良好学习氛围的营造。而营造良好的学习氛围不仅需要现代化的教育技术作为支撑，更重要的是要有与之相适合的教学资源来匹配，为学生学习提供强大的支持和服务。因此，学生对新型学习方式中的教学资源应用的满意度非常重要，以下就针对这一方面的学生调查问卷结果加以说明。具体如表 5-17 所示。

表 5-17　新型学习方式中学生对教学资源应用的满意度

学生满意度	非常满意	比较满意	不满意
所占人数	68 人	55 人	12 人
所占比例	50.37%	40.74%	8.89%

注：数据源自教师访谈记录表

　　结合表 5-17 所显示的数据，可以看出学生对于新型学习方式中的教学资源应用情况持满意态度，持有这一观点的学生已经超过了问卷调查总人数的90.00%，只是满意的程度有所不同。其中，有 50.37% 的学生持"非常满意"的态度，另外 40.74% 的学生持"比较满意"的态度。就前者而言，学生能够感受到教学资源与自己的匹配度很高，并且资源应用的方式与自己在学习过程中的需要相统一。就后者而言，虽然教学资源与自己的匹配度不是很高，并且教学资源的应用方式与自己学习过程中的需要不能保持高度统一，但是教师的引导和启发过程会经常让自己有所收获。综上所述，这两项数据充分说明了学生对新型学习方式中的教学资源应用过程普遍持有肯定态度，但在如何化"比较满意"为"非常满意"方面还需要不断加以更深层次的思考。

新型学习方式与以往常规的学习方式存在明显的不同，更加强调学生学习的自主性，因而教师在教学资源的应用上要更加倾向于帮助学生实现自主学习。而教师对自身教学资源应用的满意度体现了教学资源应用效果。以下就针对教师对新型学习方式中教学资源应用的满意度进行深入了解，具体访谈结果如表 5-18 所示。

表 5-18　教师对新型学习方式中教学资源应用的满意度

教师满意度	非常满意	比较满意	不满意
所占人数	10 人	18 人	7 人
所占比例	28.57%	51.43%	20.00%

注：数据源自教师访谈记录表

通过表 5-18 呈现出的数据可以看出，教师对新型学习方式中教学资源的应用过程与效果普遍满意。其中，有 28.57% 的教师持有"非常满意"的态度，另外 51.43% 的教师虽然认为教学资源应用过程与效果能够令自己满意，但还有很多细节需要进一步强化，所以持有"比较满意"的态度。还有 20.00% 的教师认为，自己在新型学习方式中对教学资源的应用过程与效果并不满意，资源获取、处理、应用方式的选择尚不够理想，因此还需要不断进行优化和改进。综合以上数据可以看出，教师普遍能够结合新型学习方式中的教学资源应用的全过程，以及教学资源应用的效果进行自我审视，虽然反映出的应用效果较为理想，但是还有潜在的可提升空间。

三、新型学习方式中教学资源应用的可优化空间

新型学习方式是数字时代背景下教学资源建设迈向数字化的必然产物，虽然在上述教学资源的应用过程与效果中已经获得了诸多成绩，但仍然有细微之处需要引起高度重视，否则会存在功亏一篑的风险，具体如下。

（一）教学资源库及教育网站的资源更新周期要进一步优化

通过详细了解新型学习方式下教学资源的应用现状与效果可以看出，虽然教学中的各个环节都明显趋于理想，并且应用效果往往可以达到学生和教师基本满意的状态，但并未达到非常满意的程度。究其原因，主要是在教学资源获取过程中，"新鲜血液"的注入速度很慢，导致教师对某一教学资源一选再选，学生的学习过程中会产生视觉和心理上的疲劳，这无疑会对学生长时间保持自主学习的状态造成影响，教学资源对学生学习支持与服务的作用也会大打折扣。

（二）教育技术层面要进一步为教学资源的应用提供技术支撑

教育技术是教学资源有效应用的基本支撑条件，很多教学资源都是通过先进的教育技术呈现在学生面前，进而让教师引导和启发学生形成深度、高效、自主学习成为现实。特别是在数字时代背景下，教学资源的应用必须强调与现代教育技术相结合，为教学资源更好地支持与服务学生学习提供支撑条件，让新型学习方式的应用价值实现最大化。

（三）教学资源的交互功能要做到不断深化

教学资源所涵盖的范围较广，但在数字时代，教学资源主要指可用于网络共享的，促进学生学习的资源。结合当前新型学习方式中教学资源的应用情况和应用效果，不难发现，很多教师在应用教学资源过程之中依然采用"自己体会"和"教师明确"的应用方式，这充分说明教学资源并没有具有较强的交互功能，这就不能为学生自主学习提供强有力的支持和服务。

四、新型学习方式中教学资源应用的路径

（一）利用大数据技术合理把控新型学习方式中教学资源的生命周期

大数据技术作为当今数字时代发展道路中的重要技术支撑，在该背景下的教学资源体系建设中，依然要有效应用该技术，这样不仅能够对学生所期望的教学资源进行全面的分析，还能确保教学资源周期管理工作的顺利进行。在此过程中，教学资源获取模块、教学资源处理模块、教学资源存储模块、教学资源分析模块、教学资源再挖掘模块必须作为不可缺少的技术支撑条件，以此合理把控新型学习方式中教学资源生命周期，使教学资源的创新性与多样性得到全面提升，为支持学生有效开展学习活动提供强有力的技术保障。

（二）通过先进教育技术提高教学资源获取、处理、应用的科学性

众所周知，当今时代网络信息技术的飞速发展促进教育技术水平的不断提升，其中大数据、云计算、人工智能等技术已经全面应用到高等教育活动之中，正在为全面提高我国高等教育水平提供强有力的技术服务。为此，在新型学习方式教学资源的应用过程中，上述先进教育技术的应用是重中之重，以此确保教学资源无论是在选择与获取阶段，还是在处理与应用阶段都能做到以学生客观的学习需要为依托，从而确保学生学习活动中的学习资源使用过程更加趋于个性化，以此让教学资源的应用过程真正成为支持和服务学生学习的过程。

（三）立足从知识教育到思维教育的转变来深化教学资源的交互性

教学资源都是固定的，在某种情况下选用特定的教学资源就会达到某种教学效果，但是随着时代的发展，学生在不同的学习环境之下所需要的教学资源并不相同，固定的教学资源通常并不能达到预期的教学效果。而在数字时代，可以帮助广大教育工作者有效解决这一问题，如"双师课堂教学"就是一种有效的教学方式，让知识教育真正向思维教育转变，进而提高教学资源本身的交互性。而这样的教学资源往往能够为新型学习方式提供良好的学习支持和服务作用，教学活动的效果必然会更加趋于理想化。

第四节　管理方式

由于教学资源管理工作作为确保教学资源不断得到丰富，全面提高教学资源适用性，促进学生学习活动有效开展的保证，所以数字时代背景下的教学资源管理流程有着系统化程度极高的特点。但是，在进入数字时代之前，教学资源管理的方式和特点各不相同，为教育教学工作的顺利开展发挥的作用也不相同。本节就立足教学资源管理的基本理论，对各个时代教学资源管理方式、特点、优势进行具体论述。

一、教学资源管理的理论基础

所谓的"教学资源管理"，指的是通过对教学资源的组织、协调或评价，以实现既定教学目标的活动过程。教学资源管理主要分为硬件资源管理和软件

资源管理两种类型。在有效进行教学资源管理活动时，必须对其理论基础加以明确。就当前现有的理论而言，主要包括五个方面，具体如图 5-5 所示。

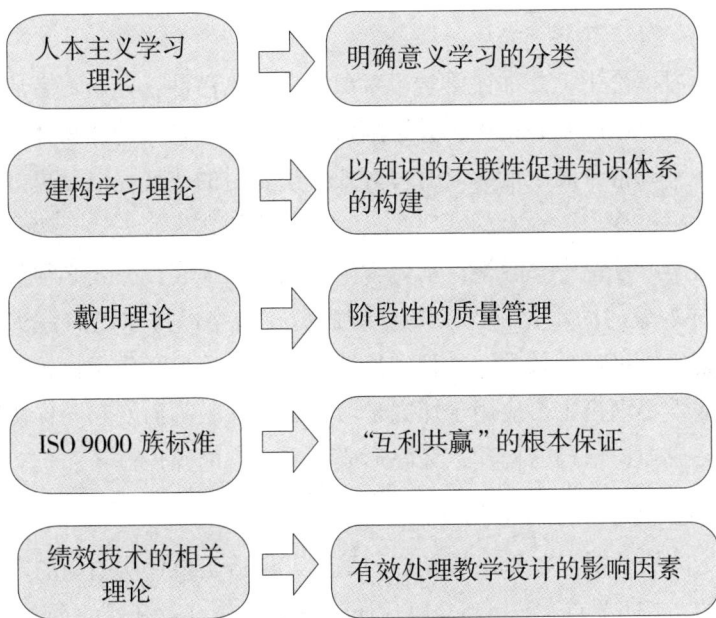

图 5-5　教学资源管理基础理论概要图

（一）人本主义学习理论

该理论的代表人物为美国著名心理学家卡尔·兰塞姆·罗杰斯。该理论强调教育的目标要以促进学生个性化与创造性发展为中心，在教学内容上应以向学生传递直接经验为目的，在教学方法上要注重以学生为主体，追求学生的全面发展。

另外，在该理论中，明确将"学习"分为两个大类：一类为无意义学习；另一类是有意义学习。前者主要是学习者要进行无意义音节的学习，后者则是促进学习者学习行为、态度、个性，以及未来行动方针发生变化的学习。学习者要记住无意义音节，需要经历一个漫长的过程，所要学习的内容过于枯燥或无关紧要，因此既不容易记忆，又很容易被遗忘，在现代教育活动中应尽量避免使用这一方式[①]。而有意义学习需要学习者将所有的经验融合起来，从中受到深层次的启发，形成一种适合学习者的学习逻辑，故而有意义学习是一种真

---

① 著曹艺. 高校在线开放课程教学资源建设的实践探索 [M]. 成都：四川师范大学电子出版社，2015：44-48.

正有意义、真正增长知识的学习。该理论无疑为教学资源管理工作的开展指明了方向。

（二）建构学习理论

建构学习理论中，更加注重学习对象认知的灵活性，让学习者通过多种学习方式来构建自己的知识结构，并逐渐形成一个适合自己的知识体系，进而确保学习者在不同情景之下能够对学习方式作出及时的改变，以此更好地适应学习环境和学习过程。

在建构学习理论中，教学活动为学生提供的知识表征方式必须具备多元化特征，教材本身的简单化情况应尽可能避免，始终保持知识的真实性和复杂性，教学情境始终伴随教学全过程。另外，教学内容方面要保持较高的整体关联度。建构学习理论主要应用于探究学习，学生在教师启发和同伴协同合作的过程下，完成知识结构的构建，最终形成一套完整的知识体系。

（三）戴明理论

该理论的核心观点在于以最经济的手段，创造出市场所期望的产品，而该理论提出的"十四要点"，是当今时代质量管理工作有效开展的重要理论基础。

数字时代背景下的教学资源管理要面向过程化，而该理论能够为其提供强有力的理论支撑和指导作用。戴明理论在数字时代教学资源管理中的应用主要体现在"戴明环"。教学资源管理体现出过程性特征，其中包括计划阶段、实施阶段、检查阶段、处理阶段，确保教学资源管理的质量，让"以学生为本"的教学资源管理理念能够充分落实到实践过程之中。

（四）ISO 9000 族标准

"八项质量管理原则"是 ISO 9000 族标准的理论基础，主要包括高度关注客户、凸显领导作用、全员化的参与、重视过程方法、开展系统化的管理、持续化的改进、以事实为决策的依据、以"互利共赢"为目的。

基于此，在数字时代教学资源管理工作中，ISO 9000 族标准完全可作为全面提高教学资源管理质量的重要理论依据，为数字时代教学资源管理措施的规范化、管理过程的程序化、管理效果的文件化和可追溯化提供重要保证。教学资源管理既要将学生的利益最大化放在首位，为之提供强有力的资源支持与服务，还要将过程性监督与评价放在重要位置，确保教学资源能够为学生提供更好的服务，实时满足学生学习活动中的切实需要，进而彰显数字时代教学资源建设的整体质量水平。

（五）绩效技术的相关理论

绩效是指有目的、有预定结果的行为倾向。影响绩效的因素有很多个，如绩效对象本身的因素、外部环境因素、管理因素。绩效技术与教育技术之间存在紧密的联系。

20 世纪 80 年代，绩效技术就已经对教学设计产生了影响着。教学资源作为直接或间接影响教学目标、教学内容、教学手段和教学评价有效制定和顺利运行的基本条件，为此绩效技术相关理论能够为教学资源管理提供理论支撑作用。其中，理论基础主要体现在系统论和教育评价理论两部分："系统论"的核心思想在于系统的整体观念，明确系统整体和系统各个要素之间存在的联系，包括结构之间的联系、规律上的联系、特点上的联系、原则上的联系等，从中正确把握系统整体，实现最为理想的目标。"教育评价理论"的中心思想在于改进教学活动，要以适应学生各项能力为标准，以促进学生全面发展为追求，进而确保教育活动的各项工作达到理想目标。在上文中明确指出了教学资源是教学活动有效开展的重要保证，教育评价理论能够为教学资源管理工作的有效开展提供重要的理论支撑作用，确保绩效技术在教学资源管理工作中的作用最大化呈现。

二、教学资源管理方式

在不同时代背景下，科学技术水平显然决定了教学资源管理方式。在未进入到信息时代之前，教学资源管理工作是以手动管理的方式来进行。进入到信息时代，教学资源管理的方式则改为计算机管理。随着数字时代的开启，在教学资源管理方面又形成了网络空间管理这一新方式。每一种教学资源管理方式都有其显著特点，同时具有一定的优势，本节就针对教学资源管理的主要方式、特点、优势进行阐述。

（一）不同时代的教学资源管理方式

在未进入到信息时代之前，工业 2.0 电气化时代是中国社会发展的重要时代，无线电等技术的相继出现，为人们打开了新的视野，信息资源的流动速度明显增快，人们接触新鲜事物的途径也从有形化向无形化转变。进入到工业 3.0 信息化时代，人们了解社会的方式悄然间发生了改变，信息资源的获取方式变得多样，信息资源存储空间更大，并能做到分类存储，在一定程度上能够满足人们对于信息资源的需求。随着时代发展步伐的进一步加快，工业 4.0 智能化与数字化时代到来，能够实现人、设备、产品之间的联通与有效沟通，信息资源的共享达到了前所未有的高度，让不同人群的一切信息资源需求得到满足成为现实。随着时代的变迁，教学资源管理方式也随之发生变化，各个时代背景下的教学资源管理方式可概括为三种，即手动管理方式、计算机管理方式、网络空间管理方式。以下是手动管理方式的具体介绍，如表 5-19 所示。

表 5-19　手动管理方式

管理方式	具体操作
整储式	将自己所见和所积累的、具有实际意义和价值的材料或经验完整地存储下来
摘抄式	将自己所阅读过的、具有价值的资料进行摘抄并存储起来
剪辑式	将书籍、报纸、杂志中具有启发作用的片段进行裁剪，并将其编辑为一个整体
目录式	将资料名称、作者、出处、收录时间、页码等相关信息进行排序

　　该教学资源管理方式较为传统，是教师自行搜集、归纳、整理、分析、存储教学资源的原始方式，教学资源来源途径相对较为单一，并且教学资源本身的类型与结构较为固定，新颖程度尚不能得到保证。针对学生学习活动而言，该教学资源管理方式很难做到引导和启发学生，并且不能保证学生在学习过程中有效实现知识与技能的延展，这些是手段管理方式在教学资源管理工作中存在的局限性。以下是计算机管理方式的具体介绍，如表 5-20 所示。

表 5-20　计算机管理方式

管理方式	具体操作
计算机文件管理	通过分类存储和目录管理的方式，将教学资源进行多层次收纳
资源管理信息系统	通过分类存储、信息检索、目录管理、数据库技术进行多重因素管理

　　该教学资源管理方式可为教师获取实用度较高的教学资源，丰富课堂教学内容带来了极大程度的便利性，同时资源种类的丰富性也得到了一定程度的保证。另外，从学生学习角度出发，学习活动中的信息来源不再局限于教材或教辅资料，图片、短视频、音频材料成为知识获得的主要途径，不仅能够为加快新知识、核心技能的掌握速度提供资源保障条件，更为能加深对新知识和新技

能的理解深度提供更多有利因素。以下是网络空间管理方式，如表5-21所示。

表5-21　网络空间管理方式

管理方式	具体操作
个人网络空间	通过专业软件制作，并将其发布于互联网中的个人学习材料
教师个人网络空间	作为以教师为主体的虚拟个人空间，可供教师上传、订阅、存储、管理、共享教学资源

该教学资源管理方式能够为教学资源的创新提供广阔的平台，极大程度上丰富教学资源，让教学资源结构的创造性更强，能够极大程度上满足学生学习的需要。另外，在学生学习过程中，拥有更多机会接触到具有生动、形象、感染力、启发作用的学习资源，知识延展和思维能力提升效果更加理想，学习过程逐渐趋向于自主化与探究化。

（二）教学资源管理方式的特点分析

从当前教学资源管理的方式出发，可以看出每种管理方式都有不同的特点，还可明显看出其优缺点。导致优点与缺点产生的原因有很多，时代发展步伐是决定性因素，具体特点概述如图5-6所示。

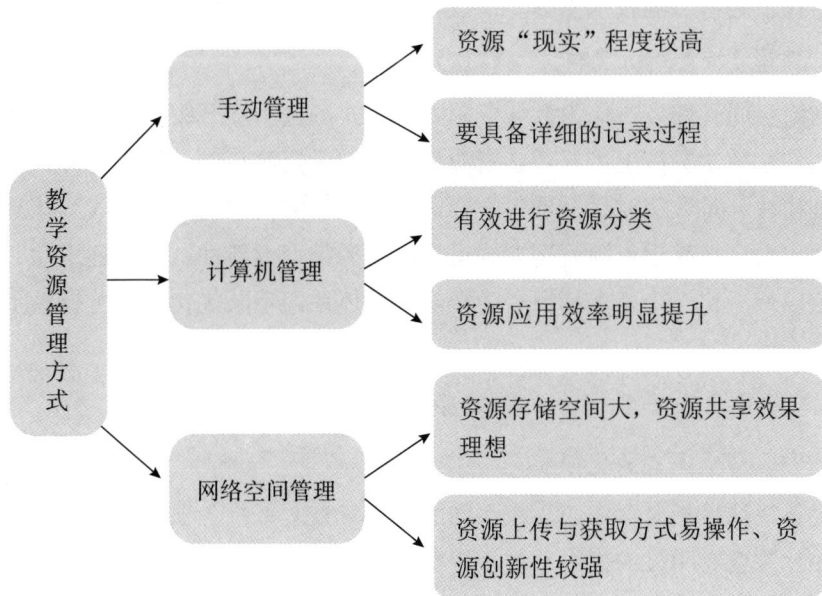

图5-6　教学资源管理方式的特点

结合图 5-6 的特点概述，对其特点进行深入分析，不难发现，教学资源管理方式的不同能够展现出不同时代教学资源管理方式的侧重点各有不同，具体分析如下。

1.手动管理方式特点

结合手动管理方式的具体操作，可以看出教学资源主要来自书籍、报纸、杂志之中，获取的过程则是通过对所选片段进行裁剪、摘抄、拼接，最终形成一套完整的教学资源体系。除此之外，在目录式管理过程中，资料名称、作者、资料出处、收录时间、页码等要通过笔记的形式进行记录。该教学资源管理方式的共享程度较低，同时资源体系中可容纳的内容有限，并不能充分保证学习者对学习资源的需求。

2.计算机管理方式特点

计算机管理方式是步入信息化时代的象征，资源管理模式发生了颠覆性的改变。结合计算机管理方式的具体操作，实现了多层次收纳，能够将教学资源以结构化的形式呈现出来，资源本身能够实现进一步的细化。除此之外，在资源查询方面，信息检索和数据库的应用成为该管理方式的亮点，资源收录空间得以扩大，并且查询与下载的便捷性得到了明显增强，能够为教学资源系统性的完善提供强有力的技术支撑。

3.网络空间管理方式特点

网络空间管理方式作为教学资源管理方式的进一步升级，增加了教师教学资源制作、教学资源上传、教学资源订阅、教学资源存储、教学资源共享等多个管理模块，是数字时代开展教学资源管理工作时使用的主要方式。从具体操作层面出发，该教学资源管理方式呈现出资源类型创新性、资源适用性、资源共享范围最大化三个基本特征，为教学资源体系的不断优化与完善提供了较为广阔的平台。

（三）教学资源管理方式的优势分析

1.手动管理方式的优势

优势往往是相对存在的，在不同的时代背景之下，各项活动的开展与前一时代相比都会有明显的优势，教学资源管理方式也是如此。在未进入到信息时代之前，教学资源手动管理初步实现了由零散化向系统化迈进，让教学资源的应用效率得到了明显提升，教学内容的丰富和学生知识的拓展成为现实，这无疑是当时教学资源手动管理方式的优势所在。

2.计算机管理方式的优势

与手动管理方式相比，计算机管理方式实现了分类、分层次管理，教学资源的细化程度得到了明显提升，教学资源的类型也得以丰富，不再受制于文本信息资源，图片、视频、音频类型教学资源逐步成为教学资源体系中的重要组成部分，并且教学资源的属性和作用也实现了有效扩展，不仅能够扩大教师教学资源选择的范围，提高教学内容的丰富性，更为教师有效使用教学资源和进行及时的信息反馈提供了便捷条件。

3.网络空间管理方式的优势

该教学资源管理方式的优势主要体现在四个方面：第一，教学资源存储管理的方式实现又一次根本性改变。在未进入到数字时代之前，储存教学资源时往往依靠人工存储和手动存储两种方式来进行，存储的路径通常是在"笔记本"或"电脑文档"之中，不但不能为丰富教学资源类型提供便捷条件，还不利于扩大教学资源的存储与管理空间。随着数字时代的来临，"云存储"等技术的相继成熟，为教师存储和管理教学资源提供了又一新路径，让更多具有创新性的教学资源有机会进入到教育教学活动之中。第二，在教学资源的开发与整理方面拥有全新的平台。随着时代的发展，教师教学资源的开发与整理工作已经不再是单纯依靠手动的方式来进行，而是根据"教"与"学"的切实需要，对现有的教学资源存在的可提升空间进行具体分析，随之参考和借鉴他人的成功教学经验，对教学资源进行合理的调整和改进，最终形成适合教育对象开展高效率和深度学习的教学资源。网络空间管理方式注重资源的上传、订阅、分享功能，无疑为教学资源的开发与整理提供了前所未有的广阔平台。第三，为教师提供一个专业成长的机会。网络空间管理方式中，为教师分享成功教学经验搭建起了理想平台，在成功教学经验中应用的教学资源能够被其他教师所广泛了解，同时教师也会从中获得更多的认同和意见、建议，这样既能不断丰富教师教学活动中的教学资源，更能让教师回首过去，看到自身专业成长所经历的心路历程，总结出更多的成功经验。第四，有利于教师专业化发展。教学资源的整合与开发之所以作为教师专业化发展的又一重要评价指标，是因为教师无论是在备教材、备教法还是在备学生过程中，都需要结合教材的教学目标、教学方法有效使用的必要条件、学生自主学习和深度学习的必然因素来选择合适的教学资源，从而达到引导和启发学生开展深度学习和高效学习的目的。

三、数字化教学资源管理模式概述

在数字时代背景之下，教学资源管理与以往各个时代存在明显的不同，总体而言就是教学资源管理模式发生了明显的变化。具体如图5-7所示：

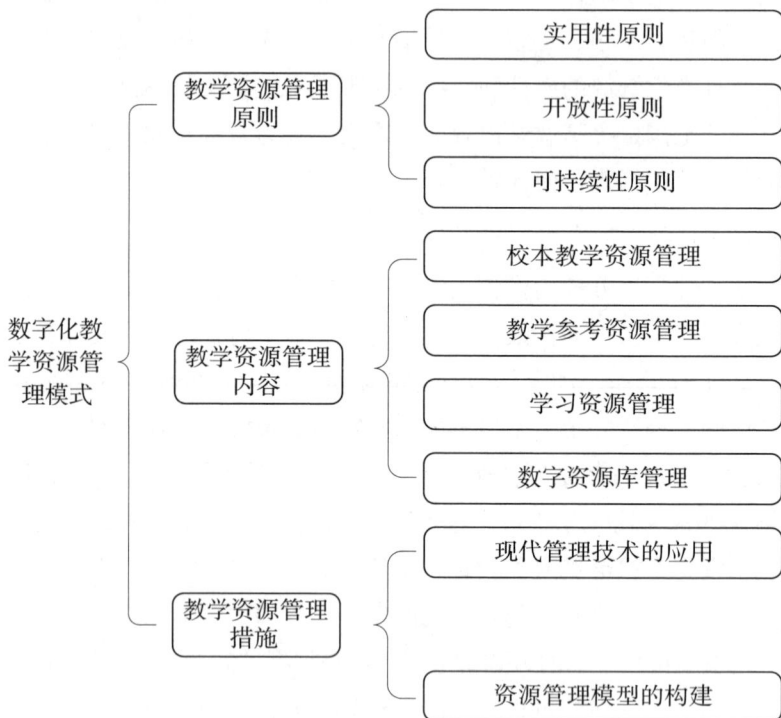

图5-7　数字化教学资源管理模式示意图

结合图5-7不难发现，在教学资源管理活动中，既要求教学资源数量不断增加，又要求教学资源多媒体形式多样，更要求教学资源本身具备更高的质量。对此，在数字时代背景之下教学资源管理模式中，原则与内容必须做到高度客观与明确。

（一）数字化教学资源管理的原则

1.实用性原则

从数字化背景下教学资源建设与管理的现状出发，追求信息量和多样化的多媒体形式成为大趋势，数据可观和形式新颖成为该时代背景下教学资源建设与管理的两个明显特征。但是从教学资源的本质来看，具备辅助学生更深层次理解所要学习的知识点、促进学生学习技能的全面发展、帮助学生形成自主化学习是教学资源建设与管理必须具备的特质。所以，数据可观和形式新颖只能作为数字化教学资源建设与管理的根本追求，实用性才是教学资源建设与管理的根本原则。其间，如何将其转化为现实则需要教学资源管理工作的有效开展，就其作用于属性所体现出的实用价值进行深入分析。

2.开放性原则

教学资源管理工作中，资源的整合与开发作为核心环节，往往不是依靠教师的一己之力就能实现，需要多方协同，不断进行深化与完善，由此方可保证教学资源能够为教学活动的开展提供强有力的支持和服务①。其中，在教学资源设计方面要博采众长，结合现有的资源类型进行具体分析，将不适用的元素删减，并将适合教学活动有效开展的元素合理地融入进去，让教学资源的形式更加新颖，同时有助于教师开展教学引导工作和学生从中受到深刻启发，进而成为学生自主学习、高效学习、深度学习过程中的加速剂。这充分体现出数字化教学资源管理本身的开放性，也是教学资源管理全过程的基本原则。

3.可持续性原则

可持续发展是各项活动实施的根本目标，是确保各项活动开展质量不断提升的重要保障。数字时代背景下的教学资源管理也要将"可持续性"作为根本初衷，确保教学资源始终能够为教师"教"与学生"学"提供支持与服务。具体表现为教师与学生在任何时间、任何地点、任何教学形式之下，都能有充足的、与之相适应的教学资源作为支撑，启发学生学习的同时，促进学生建立终身学习的意识，彰显教学资源管理的时代意义与价值。但真正达到这一最终目的需要针对教学资源本身进行高标准的审核，还需要将教学资源的类型、作用、属性融入教学资源系统之中，与其他教学资源之间形成互补和深化的关系，这反映出了教学资源管理"可持续性"原则的内涵。

（二）数字化教学资源管理的内容

1.校本教学资源管理

随着新课程改革步伐的不断加快，校本课程成为学校课程品质不断提升的有力推手，因此在教学资源管理工作中要将其作为一项重要内容。其主要分为

---

① 李燕梅，舒清录，司飙．基于网络环境下的教学资源应用与开发研究[M].武汉：武汉大学出版社，2014：28-31.

校本课程资源的整合与开发、校本课程资源的分配与利用两个部分。在此之中，主要的操作集中表现在校本教学资源的类型、作用、属性的分析，以及作用效果的评价、资源的整合、资源的开发、资源的分配与利用五个方面，以此确保校本课程资源结构的合理性、充分性、实用性。

2. 教学参考资源管理

该管理内容是实现"图书馆—教师—学生"三位一体的重要保证，是切实做到为教师"教"和学生"学"有效提供支持和服务的有力措施。在此之中，管理内容不仅涉及对教师指定参考资料，以及教师指定阅读资料的管理，还涉及对教师教学活动中所用到的一切电子资源进行管理。这一管理内容依然涉及资料类型、作用、属性的分析，以及作用效果的评价、资源的整合、资源的开发、资源的分配与利用五个方面，让教师教学参考资源的作用在学生学习活动中能够得到最大程度体现，充分体现出教学参考资源本身对"教"与"学"活动的支持与服务作用。

3. 学习资源的管理

从概念角度出发，可以发现学习资源与课程资源之间存在明显的不同，学习资源是用于学生学习活动的资源，以学生的"学"为重点。课程资源则不然，是以辅助教师有效开展知识、技能传授工作为目的，以教师的"教"为重点。所以在数字时代教学资源管理中，既要将课程资源管理视为重中之重，又要将学习资源管理放在重要位置。管理活动中不仅要涉及学习资源类型、作用、属性的分析，还要涉及作用效果的评价、资源的整合、资源的开发、资源的分配与利用五个方面，由此确保教学资源对学生学习有效提供支持和服务。

4. 数字资源库的管理

数字资源库是数字时代发展的必然产物，数字资源库建设与管理水平和质量成为各个领域发展的命脉。在该时代背景之下，教育教学中数字资源库的建设与管理无疑成为全面提升教育水平的关键因素。其间，管理是重中之重，能够为数字资源库建设提供最为客观、最为直接的信息反馈。管理活动既要针对教学资源库的信息量的大小、结构的合理性、资源的实用性进行评估，还要针对资源优化的周期性等多个方面进行监督与评价，由此方可保障教育资源信息量大、结构合理、多媒体形式多样、实用性强、新颖度高，为"教"和"学"工作的顺利进行提供有力支持和服务。

第五节　管理技术

随着时代的发展人们已经进入了新知识经济时代，人们每天接触到的知识和信息远远超出了人们的想象，这也对教育教学工作的开展提出了严峻的挑战，教学资源能否为学生学习提供强有力的支持与服务作用，已经成为数字时代广大教育工作者必须深入思考的问题。教学资源管理无疑是重要的保障条件，教学资源管理技术的有效应用发挥着重要的支撑作用。

一、教育资源管理技术体系的构成

技术创新无疑是全面提升管理水平的重要支撑条件，在数字时代，管理技术的水平在提升管理质量过程中的作用更是得到了淋漓尽致的体现。因此，全面提高教学资源管理技术水平自然成为有效提高教学资源管理质量的当务之急，而明确教育资源管理技术体系则是首要环节，本节就以此为内容作出具体概述。

（一）资源的搜集与制作技术

1.教学资源需求数据的收集

随着数字时代的到来，人工智能为社会各领域发展所发挥的作用巨大，为各领域提供的数据支撑作用更是极为明显。究其原因，在于人工智能在数据的算力、算法、技术方面已经达到成熟水平，通过计算应用的合理性，能够真正让各领域的需求得到全方位满足。

人工智能技术能够根据用户的切实需要，采集大量甚至巨量的原始数据，并且将其进行标注，这后进行算法计算，最后将数据交付给客户。针对于此，在数字时代背景下教学资源管理工作中，应将人工智能技术作为教学资源需求数据收集的主要选择对象，从而确保教学资源制作能够与学生学习需求相统一。具体操作包括三个方面：第一，让教师和学生获取原始的数据需求方向。第二，制定出数据获取方案，通过人工数据采集、自动化数据采集、调研问卷采集的方法进行数据获取。第三，通过数据清洗技术、数据评估技术、数据提取与分析技术进行数据加工，最终将可用的数据交付给教师，以供教师教学

95

资源。

2. 教学资源的制作

教师的"教"永远离不开学生的"学"，所以教学资源的制作过程要结合学生学的需要有针对性地开展，如此才可确保教学资源有利于"教"与"学"的活动顺利开展。

在明确教学资源制作初衷的基础上，随即要对教学资源制作的技术加以明确，制作软件的启动程序、制作软件的安装程序、配套光盘的使用是必不可少的三个步骤。制作软件的启动程序中，包括教学资源的简单介绍，即应用范围、作用、功能等，以及制作人的基本信息，如姓名、工作单位、联系方式等，然后进入到教学资源制作的"开始"阶段。在正式进入到"开始"阶段之前，要启动教学资源制作软件的安装程序，在这里，笔者认为要将安装软件进行打包，进而实现 setup.exe 程序的顺利安装。此后，要结合软件包所附带的配套光盘，有效使用其提供的软件工具，如此方可制作出适合"教"和"学"活动的教学资源。此过程中涉及的软件包括素材加工软件、多媒体制作软件、网络制作软件、其他工具、素材库模板。

（二）资源的描述与组织技术

RDF 作为网络资源描述技术中的一种，因其应用过程中局限性较低，因此在教学资源管理技术中，在进行资源描述时普遍使用该技术。

在该技术的应用过程中，描述某一个教学资源通常需要包括多个语句，如教学资源的属性、教学资源的类型、教学资源的陈述等。这些教学资源都可以通过 URI 或 Id 文本形式来命名，形成精确的资源属性信息。就特定的教学资源而言，资源属性的类型和资源属性值则是构成该教学资源的 RDF 陈述文件，陈述时可以通过有向图的形式来呈现。此外，教育资源的相关请求也可通 RDF 网络资源描述技术进行描述。在教学资源的组织方面，我国有关规范中已经明确指出，教学资源建设必须以学科、适用对象、类型作为教学资源分类的主要依据。而这三种分类标准又可细化出六个不同的教学资源分类体系，进而为教学资源库和教育网站有效进行教学资源组织和管理提供便捷条件。最后，还要通过链表及索引表相结合的方式进行教学资源的组织，让教学资源管理的便捷性实现最大化。

（三）资源的整合与存储技术

教学资源整合是教学资源管理体系中的重要组成部分，该环节能够有效实现教学资源的优化与教学资源的开发，所以教学资源的整合技术必须在教育资源管理技术体系中占有一席之地。

在技术层面上，要结合时代发展的大趋势，如云技术应作为教学资源整合技术的主要支撑，要突出教学资源整合过程的共享功能。另外，还要依托云计算技术为教学活动提供海量学习资源和在线学习资料，让教学活动拥有极为强大的资源共享平台。此后，再以云存储技术为中心，增加教学资源存储空间，为学生巩固与强化知识点、学习技能、学习能力提供强有力的技术保证。

具体操作包括两方面：第一，文件的大容量分享。管理人员可以将相关数据文件保存在云存储空间里，具体而言，就是可以开发或选择云存储空间，确保数据的协作和同步，为满足数字时代背景下教学资源在学习支持服务方面所提出的要求提供有力保证，确保教学资源赋能学习支持服务的效果。第二，云同步存储。使用服务器端传输来最小化本地带宽使用和从一个提供商到另一个提供商的传输使用本地磁盘。此外，支持直接文件系统挂载，可以在任何本地、云或虚拟文件系统，可以跨平台使用。更重要的是，云同步存储还能将文件备份（和加密）到云存储，从云存储恢复（和解密）文件，将云数据镜像到其他云服务或本地，将数据迁移到云端，或在云存储供应商之间迁移，将多个、加密、缓存或多样化的云存储安装为磁盘，分析云存储中保存的数据 LSF、ljson、size、ncdu 的各种信息。

（四）资源的检索技术

教学资源管理工作必须面向系统化发展，作为当代教学资源管理工作的一项基本要求，是由资源数据的量极大、类型较多、作用和属性繁杂三个特点决定的，其中有效进行教学资源的检索是重要的支撑条件。

在教学资源管理技术体系中，资源的检索技术是该技术体系的重要组成部分。该技术中不仅包括资源索引模块，有效进行对文本的提取、分析、录入工作，还要结合教师知道的教学资源检索条件，在已经构建的索引文件中为其建立一个查询结果集，以此让教师检索到的教学资源具有高度的准确性。最后，还要建立用户模块，将 Repeater 控件绑定至数据库列表、XML 列表以及其他列表之中，帮助教师顺利完成教学资源的检索与输出。

（五）教学资源评价技术

评价作为管理工作至关重要的组成部分，是管理工作实现质的飞跃的重要保证，教学资源管理工作的开展也不例外。因此，在教学资源管理技术中，要将教学资源评价技术的革新置于重要位置。

其中，"教学素材评价量表"的制定应作为重要的技术支撑。在该量表中，评价内容应包括文本素材（资源）、视频素材（资源）、音频素材（资源）、图片素材（资源）、动画素材（资源）的科学性、教学性、规范性、技术性、艺术性五个一级评价指标，每个评价指标还要细化出若干条二级评价指标，由此反映出教学资源管理体系内部资源结构和资源信息的合理性与实用性，为教师知识与技能传授活动和学生学习活动的有效开展提供强大的外在保障力，同时确保教学资源管理质量的不断提升。

二、数字时代背景下的教学资源管理技术

数字时代为社会各领域又好又快发展带来了前所未有的机遇，也为其实现又好又快发展目标提出了诸多严峻的挑战，教学资源管理工作也不例外，管理技术是为其提供的重要的支撑力，是教学资源切实为学生学习提供有力支持和服务的重要支撑条件。接下来就以数字时代为背景，对教学资源管理技术进行系统概述。

（一）精准把握数字化教学资源设计内容

在数字时代背景之下，有效运用教学资源管理技术实施教学资源的管理，最达到教学资源能够为学生学习提供强大的支持与服务作用的目的，其根本在于要针对教学资源设计内容进行精准把握，进而才能做到教学资源管理技术的应用应该围绕哪些方面来开展，故而确保管理质量的提升，促进教学资源的品质化发展。

在该时代背景之下，教学资源设计主要包括教学资源的组织设计和教学资源的描述信息设计。具体而言，就是要将视频、音频、图片及其他多媒体教学资源，以知识点为单位进行有类别的设计，此外还可以结合教学活动中的重点与难点，或者某一项学习技能作为出发点进行教学资源设计，力求教学资源本身能够做到动态与静态相结合，既要考虑到教学资源本身是否具备独立性和作用性，又要考虑到是否具备交互操作性，还要考虑到是否能够将教学资源本身进行有效的描述。在具体操作过程中，应从多个角度进行数字化教学资源的描

述，包括的内容应体现于整体描述、历史与现状描述、元数据描述、教学特征描述、类属信息描述等，以此为教师是教学资源的获取与使用带来极大程度的便利，为有效支持和服务学生学习提供有力保证。

（二）明确教学资源管理体系结构

教学资源管理技术的高度明确，不仅要针对教学资源设计加以精准化的把握，更要针对将其体系结构加以高度明确，由此才能保证技术流程的设计更为科学、更为合理，充分彰显管理的效用。

在数字时代背景下，教学资源管理技术的探索中，确保管理质量达到充分支持与服务学生学习的目的，就需要将教学资源管理体系结构进行深入的探索。在数字时代背景下的教学资源管理体系中，应该以 SOA 为架构，建立起教学资源管理服务。其原因在于该管理体系结构采用了 B/S 结构访问的方式，通过 http 协议的 Web 应用就能够为广大教师提供教学资源服务。故而，Web 作为教学资源管理体系的服务技术支持，能够为开展用户认证、教学资源访问控制、教学资源搜索、教学资源质量评估提供强有力的服务作用。之后通过 Web 服务接口进行注册登录，就能为广大教师提供统一的教学资源服务。管理员进行资源库的管理工作也不需要将其管理模式进行深入了解，只需要通过注册 SOA 资源访问与管理服务界面，就能够了解到相关的异构资源库，让多种形式的教学资源共享成为现实。

（三）确立 SOA 服务模型

在数据时代背景之下，教学资源管理工作所要面临的一项重要挑战就是如何为教师和学生提升有效的资源服务，让教师课堂"教"和学生课上与课下"学"的过程得到更多支持和服务。

对此，教学资源管理技术的探寻就要以"服务"二字为主要视角，进而体现出数字时代背景下教学资源管理技术的服务功能。SOA 服务模型能够满足该时代背景下教学资源管理的具体需求，因此应作为数字化教学资源管理技术的主要选择。其中，要做到将该模型中的服务统一定义成独立服务，让服务流程可以随意调用接口，通过将定义好的调用顺序来实现建立教学资源管理的服务流程。在这里，需要高度明确的是，"服务"是指帮助教师和学生完成一切工作，能够为之提供所需要的结果，因此分析服务就是该模型中不可缺少的，甚至是至关重要的组成部分，应该具备帮助教学资源管理体系有效分析哪些需要已经得到切实执行，还有哪些需要尚在执行过程中，已经执行和尚在执行的效果如何，哪些需要并未得到执行，原因主要是什么，进而确保教学资源管理的流程能够得到及时优化，以供满足教师"教"和学生"学"的过程所产生的具体需要。

（四）打造 SOA 服务模型设计流程

从 SOA 架构的主体特征来看，更加清晰的展现出了服务思想，也就是说该架构中教学资源管理活动的一切都要从"服务"二字出发，满足教师对教学资源的需求，保障学生学习活动可以获得更多的支持与服务。

在这里，首要考虑的则是教师和学生的服务需求，此后方可进入到模型装配阶段。在 SOA 服务模型设计流程中，涉及对服务的定义、服务的描述、服务的发布、服务的发现、服务的绑定、服务的编排、服务的调用执行过程等多个方面。该模型与其他模型之间存在的最大差异就是一单元结构来组织教学资源，然后通过 BPEL 编程语言进行教学资源管理程序的灵活编写，由此充分满足教师与学生在教学资源方面的需求变化。在教学资源库和教学资源系统中，利用 SOA 服务模型可以将不同的资源库或资源管理环节作为节点，通过上文中的 Web 技术形成统一标准的服务接口，最后再通过 SOA 模型建立起资源管理服务窗口，让数字教学资源的使用率和服务效率能够得到最大程度上的提升。在这一过程中，有效将教学资源整合、集成与共享就成为关键中的关键。

（五）完成教学资源管理模型构建

在进行有效的数字化教学资源设计后，随之要针对 SOA 服务模型所提出的设计要求，针对教学资源管理活动进行建模，以求教学资源管理能够让服务教师知识点的传授，以及学生有效开展学习活动的作用达到最大化。

就当前而言，教学资源管理体系的构建已经趋于成熟化，其管理流程已经做到了集"教师认证""教学资源访问控制""教学资源搜索""教学资源质量评估"于一体，而针对第二环节而言，主要是以用户的认证和分类来实现教师教学资源访问权限的控制，在此基础上才能够为之提供相应的教学资源搜索服务和教学资源查看权限方面的服务，让教师能够进行教学资源的分布式搜索查询。除此之外，在该教学资源管理模型的运行过程中，还能针对教师教学资源服务进行评估，由此反映出教师在教学资源使用方面的具体情况，并给出相应的教学资源应用意见与建议。

第六节 周期管理

信息资源周期管理理论的提出为提高信息资源的应用价值，以及全面增强信息资源的创新性起到了至关重要的保障作用。在数字时代背景下，教学活动的信息化已经成为现实，教学资源的信息化更是支撑教学活动高效率开展的重要保障。因此，在该时代背景下，全面提高教学资源的应用价值，确保教学资源的创新性就要以信息资源周期管理理论为指导，以此确保信息时代教学资源建设为学生学习提供强大的支持与服务。本章节就针对教学资源周期管理的内涵、理论基础、制约因素作出明确的论述，为数字时代全面提高教学资源管理质量增添砝码。

一、教学资源周期管理的概述

教学资源的周期性体现在教学资源的出现到新资源的生成。这一过程需要经历教学资源的设计与创新、教学资源的存储、教学资源的传输、教学资源的使用、教学资源的加工、教学资源的销毁（或新资源的产生）六个阶段，这些是确保教学资源始终能够支持与服务教师"教"与学生"学"的必要条件。因此，在进行教学资源管理时，必须针对教学资源的周期进行科学、合理的管理。而究竟何谓"教学资源周期管理"？其具体体现在以下几个方面。

（一）教学信息资源总量增长下的教学资源及时更新

"信息化教学"是数字时代背景下教育教学工作的基本特征，教学信息的传递过程正在由"有形化"向"无形化"迈进，形成有形化教学信息传递和无形化教学信息传递相兼容的模式。

教学资源的选择渠道也因上述模式的出现而发生改变，逐渐由传统的"材料剪辑""材料拼接"等途径向"资源库下载"方向转变，并且后者已经成为数字时代日常教学资源获取的主要方式。在这一教学发展时代大背景与大环境下，教学信息资源总量的增长成为常态，作用与价值逐渐消失的资源势必会为教师教学资源检索带来不必要的困扰，因此教学资源周期管理工作的开展就成为有力抓手，让教学资源的更新速度得到充分保证，让学生学习活动的高效率开展拥有强大的"助推器"。

（二）教学资源管理模式不断更新下资源类型与作用价值的可持续

随着社会信息化发展步伐的日益加快，信息的开放性已经最大程度体现，教学资源的共享已经成为推动当前我国教育事业飞速发展的核心动力之一。

基于这一大环境，教学资源管理模式不断发生变革，资源整合无疑成为教学资源管理流程的重中之重。针对于此，资源的类型、作用价值能否做到长时间保持就成为资源更新的一项重要指标，同时也是教学资源周期管理的又一重要着眼点。教学资源更新的速度要结合"教学活动的实用性"和"学生学习的支持服务作用"两方面进行评价，从中找出教学资源更新的价值增长点，进而经过加工形成新的教学资源，如果评价结果不具备价值增长空间，那么教学资源就要被清除，以确保教学资源体系内部资源类型与作用价值的可持续。

（三）教学资源管理服务器超负荷运转下资源的动态化变更

就数字时代背景下教学资源库和教育网站教学资源库的建设与发展可以看出教学资源总量正处于快速上升的趋势，无论是在资源的类型方面，还是在资源的属性、作用、价值方面都实现了不断增加。

虽然大数据、云计算等技术在数字时代背景下的教学资源管理活动中已经实现了全面运用，但资源总量的快速增加依然会导致资源库存储空间受到限制，同时教学资源本身的作用与价值会随着时间的流逝逐渐降低，因此教学资源的更新换代就成为教学资源管理的一项重要任务，是确保教学资源始终兼具实用性和创新性的关键性措施。

二、教学资源周期管理的理论基础

教学资源管理工作的根本目标就是始终能够为教师"教"与学生"学"提供有力的支持与服务，所以更新换代就成为教学资源管理的重要组成部分，教学资源周期管理无疑是重要的抓手。其间，探索教学资源周期管理先要明确其理论基础所在，进而为教学资源周期管理活动的有效开展提供重要的理论指导。

（一）信息生命周期理论

美国信息资源管理专家霍顿（F.W.Horton）是信息生命周期理论的缔造者，他本人认为信息生命周期是由一系列具有关联性的阶段组成，从而向人们呈现出信息运动的自然规律。该观点提出后，信息资源管理领域学者针对信息生命周期的定义、阶段性划分、内在联系三个方面进行了深入的研究与探索。我国学者索传军在 2010 年发表的《试论信息生命周期的概念及研究内容》一文中明确指出了信息生命周期就是信息自产生至灭亡过程的客观规律。

除此之外，还有学者阶段性划分的以信息使用的次数和频率为依据，将信息生命周期进行阶段性划分。在数字时代背景之下，教学资源自然体现出信息化特征，所以教学资源本身也具有生命周期，并且其生命周期也呈现出阶段性的特点，可以将信息生命周期理论研究观点作为借鉴，进而对教学资源进行合理的阶段划分，为找出制约教学资源周期管理的因素奠定坚实的理论基础。

（二）信息化教学资源的生命周期

毋庸置疑的是，每个生物个体的产生都会伴随新陈代谢、个体繁殖、基因突变等基本特性，这些基本特性的存在都具有阶段性和不可逆性两个基本特征，每个生命进程完成之后，下一个生命进程又会按照这些特性周而复始，形成一个相对固定的生命循环。因此，可以说，凡具有阶段性、不可逆性、周而复始属性和特征的事物都可以用生命周期理论进行深入的研究与探索。信息化教学资源生命周期指的是教学资源自产生的一刻起，一直到失去其应用价值的那一刻的运动过程，按照生命周期理论可以将其划分为几个阶段，并且这些阶段之间存在紧密的联系并且相互影响。该过程可分为教学资源的设计与开发、教学资源的存储与传输、教学资源的应用与效果评价、教学资源评价结果分析、新教学资源的生成、教学资源的清理六个阶段，如图5-8 所示。

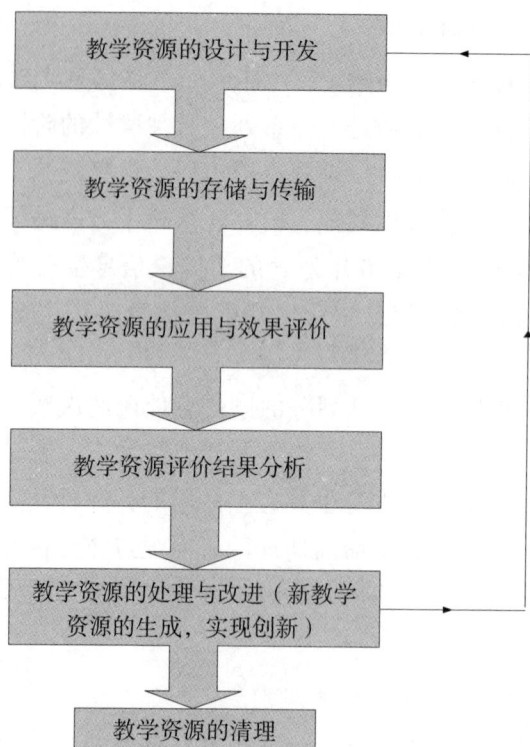

图 5-8 信息化教学资源的生命周期示意图

在这一过程中，信息化教学资源的使用能否演化出新的教学资源，从而进入到新的信息生命周期，其主要的影响因素在于所获取的教学资源是否能够被直接使用，如果答案为否定，那么就会进行相应的加工与处理，进而强制生成新的教学资源进入到下一生命周期，如果进行相应的加工与处理后依然不适用则会将其进行清理。但不可否认的是，教学资源的实用价值会随着时间的推移逐渐降低，最后消失，价值损耗已成为教学资源生命周期不可避免的问题。为了切实有效解决这一问题，必须将分析制约教学资源周期管理的因素放在重要位置。

三、制约教学资源周期管理的因素分析

在上文中已经明确阐述了周期管理在教学资源管理中的重要性，然而开展高质量的教学资源周期管理工作却实非易事，需要找准其制约因素，方可有效进行避免，从而提高周期管理质量，让教学资源切实在教师"教"和学生

"学"的过程中，充分发挥出支持与服务作用，具体制约因素与分析主要包括以下五个方面。

（一）教学资源的设计与创新

教学资源的设计与创新是教学资源形成的阶段，也是资源生命周期的开启阶段。在该阶段中，影响资源周期管理的因素主要包括四个方面，分别为需求的调研、资源设计能力与素养、团队协作、规范化程度。

第一，需求的调研。教学资源为教学活动所服务，所以了解教师"教"和学生"学"的需求是确保教学资源作用与价值最大化的第一步。具体操作既要包括深度了解"教"的过程中需要达到怎样的效果，又要包括"学"的过程中学生迫切追求所在，进而方可保证教学资源设计与创新能够满足师生双边需求。

第二，资源设计能力与素养。教学资源的设计与创新能否以学生为主体，站在学生"学"的角度去思考问题并建立设计思路，是决定教学资源本身品质的重要保证。所以在教学资源设计与创新阶段，具备上述能力和素养是确保教学资源生命周期无限延长的必然条件。

第三，团队协作。教学资源的设计、创新、实现有效开发往往是一项系统工程，特别是在数字时代背景之下，教学资源类型明显增加，多媒体教学资源充斥在教学活动之中，各种元素有效加以融合形成高度完整、高度适用、高度创新的教学资源无疑是一项重要挑战，教师之间的协同合作就成为设计与创新过程中不可缺少的条件。故而，团队协作也是确保教学资源生命周期得以延续的重要条件，也是保证周期管理能够高效率运行的关键条件。

第四，规范化程度。教学资源类型虽然可以不断创新，保持作用与价值的特殊性，但必须要具备规范性，其原因在于创新需要在一定的标准和底线范围内进行。因此，在教学资源设计与创新过程中，成果的规范性必须为重点关注对象，以此为其生命周期的延续和周期管理活动高质量进行提供有力保障。

（二）教学资源的存储

资源存储是资源开发阶段结束之后，将其进行有效保留的措施，而资源存储的效果又取决于管理人员进行相关操作的理念，以及资源存储管理所惯用的措施，如果存储理念过于传统、存储方式不当、存储路径不够明确必然会加速资源的老化，最终缩短资源的生命周期，为资源周期管理带来压力。

教学资源的生命周期管理显然也会遇到这一问题，影响教学资源生命周期管理的因素无疑也包括管理人员的操作理念和惯用的存储措施。对此，在探讨教学资源周期管理活动时，必须对资源存储层面上的影响因素进行深入探究，从而确保教学资源周期管理的高效性。在管理员相关操作理念上，以教师和学生为中心进行教学资源管理，显然有利于教师进行资源的选择和获取，从而为其有效进入到学生学习活动之中，支持和服务学生高效学习和深度学习提供理想的前提条件。在实践中该理念主要体现在信息检索和管理系统的应用两个方面。在管理员教学资源存储措施上，要从教学资源之间的兼容性以及资源类型的差异性、存储类型和位置的现实要求等方面有针对性地进行教学资源存储措施的选择。如果某一教学资源与其他教学资源之间不能兼容，就意味着需要对该教学资源的存储位置及时进行调整，根据资源类型和存储要求另辟蹊径，找到与之相适合的资源存储位置，否则教师在资源检索页面就很难发现该教学资源，最终的结果就是该资源会在被动的状态下结束生命周期，增加教学资源周期管理工作的负担。

（三）教学资源的传输

要使教学资源周期管理工作有效开展，各个阶段必须做到有效衔接，其中教学资源的输出无疑是连接资源库与教师之间的桥梁，传输过程的有效性直接影响到教师教学资源的使用效果，更关乎能够为学生提供的学习支持与服务。为此，在教学资源周期管理活动中，必须考虑教学资源传输过程所造成的影响，由此在确保教学资源使用性的同时，增加新旧资源的转换速度。影响教学资源传输的因素如图 5-9 所示。

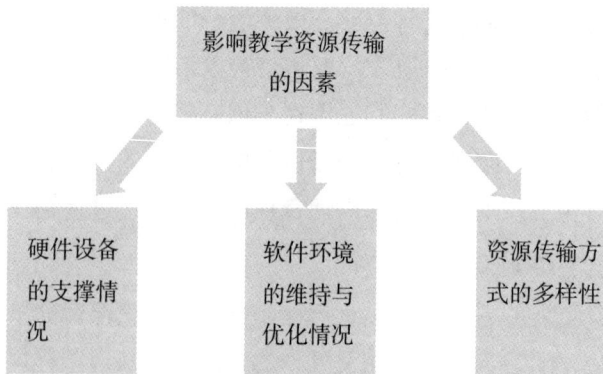

图 5-9　影响教学资源传输的因素

结合图 5-9 所呈现的具体信息，对三个影响因素的影响作用加以明确，具体而言进行以下分析。第一，硬件设备的支撑情况。教学资源的传输需要在特定的媒介下进行，媒介是否合理直接影响到教学资源应用的效果是否理想，教学资源会长时间对教师的"教"与学生的"学"产生积极的作用。在数字时代背景之下，教学活动的媒介显然是以先进教育技术为平台，教学资源的传递过程往往是在先进教育技术支持下直接从资源库传递给学生，教师从中进行相应的处理方可实现应用作用和价值的最大化，教学资源的生命周期也会随之延长，最终也会生成有实用价值的新资源。所以，硬件设备的支撑情况应成为教学资源周期管理必须关注的对象。第二，软件环境的维持与优化情况。所谓的"软件环境"就是在软件资源运行过程中，能够为某项活动的顺利提供无形的促进和保障条件。在数据时代背景之下，教学资源的传输过程显然需要有软件资源作为支撑，如"离线传输"和"在线传输"等，做到有效维持现有的软件环境，并能实现不断优化与升级，确保教学资源传输的及时性和质量，降低教学资源本身的作用与价值的流失速度，让教学资源的生命周期能够保持完整。第三，资源传输方式的多样性。毋庸置疑的是，物品在人为情况下由某地转移到某地会存在品质降低的风险，教学资源由资源库转移至教师手中，最终进入到学生学习活动之中显然也会存在这一风险，如不进行有效的处理就会导致教学资源品质的降低。因此，教学资源传输方式是否能够达到合理化和多样化会影响资源输出的质量，资源的生命周期也会随之发生改变。

（四）教学资源的应用

在教学资源应用过程中，由于在资源的获取与选择方面会存在资源属性认知不清的情况，可能导致教学资源的应用效果并不能够达到最大化，甚至并不适用于教学活动，所以这种教学资源通常会被标有"不适用"的符号，其他教师在进行教学资源的选择与获取时，也会尽可能避开这些"代用标记"的教学资源。随着时间的推移，这些教学资源的作用与价值就会慢慢消失，适用性也会大打折扣，久而久之自然进入了"待清理"的行列，为教学资源周期管理工作带来压力。

此外，资源存在的环境以及其他资源也会影响资源自身的作用与价值。教学资源所处的环境主要包括以下几个方面，即存储的方式、所处的位置、资源管理的方式以及资源传输的过程。这些环境因素都会导致教学资源本身的格式和教学资源的类型发生改变，所以在教学活动的应用过程中，会造成使用不便或不适用的情况，进而被广大教师排除在教学资源选择与获取的范围之外。

还有很多教学资源存在与其他教学资源的属性极度相似，或者与其他教学资源作用冲突的情况。所以教师在选择或获取教学资源时，就要结合学生理解能力选择更有利于学生理解的教学资源，而与之相类似的教学资源，或者与之作用冲突的教学资源就会被排除在外，久而久之这些教学资源的作用与价值就会大幅降低，进入到资源清理的行列，这无疑会为教学资源周期管理工作带来负担。

教师自身的个人喜好也是影响教学资源周期管理的主要因素之一，在教学资源使用过程中，教师通常会根据教学活动的结构组成、阶段性教学目标、教学主题等多个方面来进行教学资源的使用，因此教师的个人喜好就决定了教学资源的选择率与应用率，教学资源类型过于抽象的资源无疑也会具有较低的选择率和应用率，这一部分教学资源事业会随着时间的飞逝不断降低其应用价值，所以也会进入到资源清理行列，增加了教学资源周期管理的负担。

（五）教学资源的清理

教学资源管理最终的目的包括两方面，一是让各资源结构中的每一条资源信息都能发挥出最大的价值，二是让旧资源经过加工可以转化为新的资源。如果不能达到上述目的，那么教学资源就要被淘汰，这也就宣布了教学资源的生命不具备"周期性"特征。其中，只有在以下两种情况下，教学资源管理系统会采取资源清理措施。

第一，教学资源长时间未被使用。教学资源的闲置意味着其应用价值已经得不到教师和学生的认可，并不适于教师向学生传递知识与技能，以及辅助学生开展高效率的学习活动。因此，这些教学资源必须得到及时处理，为旧资源向新资源的演变提供空间。第二，资源使用率未能达到平均值。资源使用率能够反映出教学资源的应用价值；使用率较高则意味着资源的适用性较强，并伴随着较为突出的应用价值。使用率保持在中等水平，则意味着教学资源具有适用性和应用价值，但资源类型或资源要素中存在一定的不合理，因此具有向新资源转化的潜质；而资源使用率未能达到平均值，则意味着教学资源的应用存在明显的可提升空间，久而久之应用率会接近或等于零，这些教学资源不具备由旧资源向新资源转换的价值，因此必须进入到资源清理的行列，所以生命周期也会就此终结，为新教学资源的注入提供空间。

第七节　本章小结

教学资源建设的最根本也最直接的目的就是要确保其能够得到有效应用，而将该目的转化为现实则需要有明确的应用过程作为重要支撑，并且还要有一套极为系统的管理体系加以保障，由此方可确保教学资源建设的实效性得到充分体现。笔者通过本章内容对其进行了系统化阐述，将其进行总结归纳后得到如下观点。

一、本章所阐述的主要内容

在本章内容的阐述过程中，笔者主要针对教学资源应用的全过程，以及高效管理的系统化流程进行系统化论述，其中包括教学资源在课堂教学过程中的应用、教学资源在远程教育中的应用、教学资源在新型学习活动中的普遍应用，以及教学资源管理的具体方式和技术，并最终将周期管理的作用和过程加以明确体现，从而为教学资源更好地发挥出学习支持服务作用提供强有力的保障。

二、本章所阐述的研究观点

在本章所阐述的内容中，笔者针对课堂教学活动方面，认为教学资源的应用应注重启发性和互动性。在远程教育活动中，教学资源的应用应更加注重资源的趣味性、引导性、启发性、互动性并存，在新型学习活动中，教学资源的应用应该更加侧重于资源本身的丰富与创新性能够得到充分发掘，进而呈现出较为理想的教学资源应用效果，并且呈现赋能学习支持服务的具体作用。

除此之外，笔者还高度明确了在教学资源管理工作中具体的管理方式、管理技术、管理周期，由此让当前高校学校教育、远程教育、新型学习方式中教学资源的应用和管理的实际情况得到更为直观的体现，确保笔者立足资源管理角度进行的学习支持服务研究工作能够得到顺利进行，从而让教学资源的学习支持服务作用得到最大化发挥拥有极为有力的保障条件。

第六章　资源管理导向支持服务研究

资源管理无疑是有效进行资源整合，确保资源自身的使用价值达到最大化的关键一环，教学资源体系建设与发展也是如此，而这也正是教学资源管理工作开展的现实意义所在。其中资源有效支持和服务学生学习全过程的作用也会得到进一步突显。因此，以资源管理为导向开展教学资源支持与服务研究显然应放在至关重要的位置。

第一节　资源支持服务

资源支持服务的实现的工程性不言而喻，其在教育教学活动中的实现自然绝非易事，不仅要有标准化和规范化的管理，还要有极度适用的资源，由此方可为资源顺利进入到学生学习活动中，并在学习活动的实践中发挥出巨大的作用与价值。对此，本章就结合资源服务的标准与规范，以及具有适应性资源两方面进行分析和概括。

一、资源支持服务的标准与规范

资源支持服务的最终目的在于让学习资源真正成为学生学习的"法宝"，让其支持作用和服务作用在学生的学习活动中尽显无遗，增强学生学习的自主性、效率、深度。但"无规矩不成方圆"，资源支持服务最终目的体现必须要有合理的标准和规范加以制约，同时还要有较为理想的运行平台作为支撑，本节就立足这三个方面进行研究。

（一）资源管理导向下的资源支持服务标准

随着我国互联网技术发展步伐的不断加快，远程教育已是大踏步地前进，网络教学资源的递增速度更是前所未有。

在这一时代发展大背景下，最近几年，我国相继出台了一系列的文件，用于规范远程教育教学资源管理，力求教学资源能够更好地为学生学习服务，最大程度发挥出资源支持服务作用，如《网络课程质量认证标准》《新世纪网络课程验收标准》等，都针对教学资源管理提出了明确的要求，具体表现在教学内容、教学形式、学习资源专业应用等多个方面。基于此，面对数字时代的到来，资源支持服务的目的就是要通过资源促进教学工作的有序开展，并确保学生学习形式更加具有多样性，满足学生自主学习、高效学习、深度学习的切实需求，从教学内容、教学形式、教学资源专业应用三个层面出发，制定并完善资源支持服务标准，不仅能确保学生学习成果更加趋于理想化，还能保证资源管理的规范性和高效性。

（二）资源管理导向下资源支持服务规范

"规范"通常在制度下体现，资源管理工作开展的规范性自然要以管理制度作为基本保证，故此资源管理工作的高质量进行通常都要将明确管理制度置于首位，资源管理导向支持服务资源支持服务更是如此。

具体操作应包括以下两个方面。第一，资源建设方面。要提出资源利用与开发相关制度，并且在资源获取、使用、上传过程中必须按照操作流程进行，另外，校本资源建设要附有相应的激励制度、监督制度、评价制度。第二，资源管理与维护方面。要强调管理人员的资源库管理制度，以及教师和学生资源库使用制度，确保新旧资源能够顺利进行更迭，使用率较低的资源能够及时移除。除此之外，还要注重资源库维护制度的制定与落实，明确管理员和教师的权限，为资源库始终保持良好的运行状态，始终能够为学生提供资源支持服务提供有力保证。

（三）学习资源管理 ASP 服务

ASP 作为一种服务模式，是在互联网技术飞速发展的时代背景下诞生的，该模式最为显著的特点在于能够根据用户的切实需要，打造出一个切实可用的运行平台，从而实现管理的细致化，发挥出资源固有的价值。

对此，学习资源管理导向下的资源支持服务研究可将 ASP 服务模式作为立足点，确保学习资源的运行拥有较为理想的网络平台。其中，具体操作主要体现在先了解学生学习活动中的具体需要，以及学习资源的类型、作用、价值、特征，为广大学习者提供更多的应用服务。随后，建立明确的服务模块，包括学习资源推荐模块、学习资源选择模块、学习资源应用模块等，确保学习资源的选择能够真正适合学生学习活动的开展，并且学生从中能够受到关于知识、技能、文化、能力、素养的引导和启发。

二、具有适应性的资源

在进行"资源"研究过程中，资源本身的特点、分类、价值研究无疑是必选项，从而说明资源本身存在的意义，资源管理导向下资源支持服务研究也不例外，必须将资源支持服务中的适应性资源自身特点、分类、价值进行系统概括，由此才能确保资源支持服务价值的最大化。

（一）具有适应性的资源特点

就资源支持服务的研究而言，是随着数字时代到来而全面兴起的，主要的应用领域在于学生远程教育活动之中，因此资源支持服务本身必须具有适应性的特点，不仅要适应时代发展的大潮流，同时还要适应学生学习全过程的需要，以体现支持和服务学生学习的核心作用。对此明确适应性资源的特点就成为资源支持服务研究的必然环节，以下就将其进行具体的概括，如表6-1所示。

表6-1　适应性资源的特点及概括

特点体现	特点概括
渲染学习氛围	促进学习情境的构建，激发学生学习的兴趣
引领学生学习	具有引领学生自开展自主学习的作用
满足学生学习需要	根据学生学习的特点，促进学生深度思考，实现高效率学习

纵观表6-1关于适应性资源的特点，能够体会到资源自带的属性更加有利于学生自主学习，能够充分满足学生学习过程中的实际需要，让学生学习过程中除了能够受到教师的启发，更重要的是受到学习资源的启发，让学习中的引导和启发作用实现了最大化。这样学生课堂学习的效率和深度必然会不断增加，收获更加趋于理想化的学习成果。

（二）具有适应性的资源分类

资源类型决定着资源属性，同时也决定着资源本身是否具有适应性。对此，在探索资源支持服务的道路中，资源是否具有明显的适应性，必须针对其类型作出具体的介绍，由此方可说明能否为学生学习提供强有力的支持与服务作用。接下来就针对资源支持服务中具有适应性的资源类别进行概述，具体如表 6-2 所示。

表 6-2　适应性资源的类型与介绍

具体类型	类型介绍
内容类	以新媒体素材为主，极具演示性和说明作用
工具类	促进学生资源的使用，并从中得到感悟和启发
生成类	虚拟性明显，能够为学生提供强有力的交流和辅导作用

结合表 6-2 中的具体介绍，不难发现适应性资源的类别关乎学生学习过程的方方面面，不仅有带领学生顺利进入学习状态的作用，更有帮助学生正确使用学习资源，并从中形成新的感悟，进而增加学生思考深度和学习效率的作用，能够为学生沉浸在快乐中学习提供有利条件。

（三）具有适应性的资源价值

适应性资源之所以有助于活动的开展（或行为的实施），其根本在于资源本身就是位从事某项活动，或者某一行为所设计，能够与行动或行为的本质相统一，进而促成活动或行为达到预期目标。学习资源支持服务过程中，具有适应性的资源也具备这一价值，具体表现和说明如表 6-3 所示。

表 6-3　适应性资源的价值与说明

价值表达	具体说明
改变学生认知	学习素材的类型与时代发展大环境相统一
深层辅助学生学习	引领学生真正学会学习的方法和过程
体现学习的双边性	让学生的学习过程真正"活起来""动起来"

通过表 6-3 关于适应性资源的价值说明，可以看出在资源支持服务过程

中，学习资源本身能够高度适应时代发展的大环境，并且在学生学习中真正起到引领和启发作用，让学生能够自主意识到学习的过程与方法，确保教师引导和启发能够真正被学生接受，打造出一个较为理想的学习氛围，真正体现出资源支持服务最核心的价值，即支持学生学习和服务学生学习。

第二节　技术支持服务

技术服务作为资源管理导向下，支持服务得以实现全面开展的重要条件，其作用体现在于提供有效的技术支撑。针对数据时代背景下，教学资源建设实现学生对学生提供有效的学习支持而言，必须将全面增强技术支持服务视为不可缺少的一部分，研究流程必须包括图 6-1 中的两个部分。

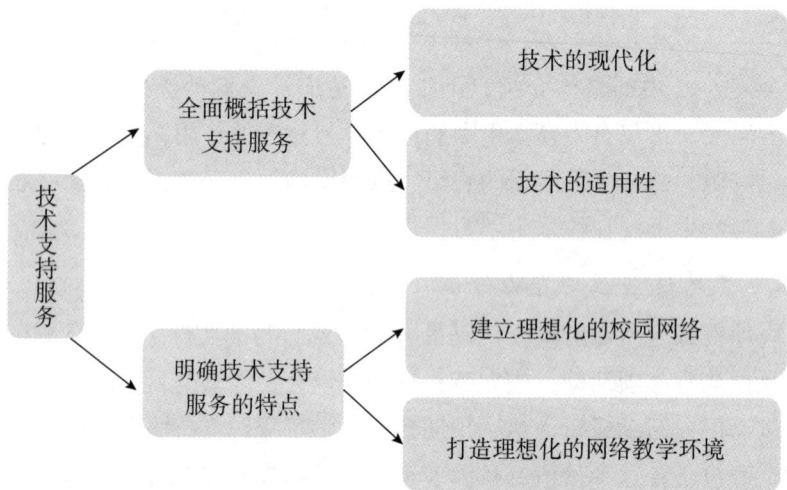

图 6-1　技术支持服务形成的关键要素图

结合图 6-1 所传递的信息，不难发现必须对技术支持服务进行深入挖掘，明确技术支持服务的内涵、要点、流程所在，由此方可保证学生更好地利用学习资源，达到甚至远远超出学习的预期目标。

一、技术支持服务的概括

"技术支持服务"顾名思义，就是在从事某项活动过程中，技术层面能够为之提供的服务，力求从事该活动能够有足够的技术支撑条件。在信息时代背景下，教学资源建设对学生学习支持的作用实现最大化必须要强化技术支持服务作用，本节就立足技术支持服务的支撑条件进行观点阐述，从而将其加以概括。

（一）技术的现代化

现代教育技术是解决"教师怎样教"和"学生怎样学"所采用的先进技术，是全面加快我国素质教育步伐的重要技术支撑。

就当前教育技术的发展现状来看，"云技术""大数据"已经成为教育技术研发的主攻方向，并且在"教"与"学"的活动中已经得到了充分展现，让动画、图片、新媒体资源能够顺利进入学生学习活动中，从而一改教学互动单边性、学生学习被动化与低效性的状况，为学生主动进入学习状态，并始终保持深度学习的状态提供重要的技术支持和服务。这无疑是数字时代背景下教学资源建设所努力的方向，也是打造支持服务的技术支撑条件，更诠释出了技术支持服务对学生学习走向自主性、高效性、深层次的作用。

（二）技术的适用性

从"技术支持服务"的内涵出发，就是要为学生有效运用学习资源提供良好的技术支撑，以达到支持和服务学生学习的目的，而真正做到学生能够有效运用学习资源实现自主学习、深度学习、高效学习则需要较为系的技术支持服务。

其间，不仅要在教学资源管理层面下大力度，还要在教师资源获取、向学生传递、学生有效使用过程中提供强有力的支持，即资源的整合与开发、资源的周期管理、学习资源的选择与获取、资源的加工与处理、指导学生学习资源的使用、启迪学生用于问题的分析和解决。该流程中则需要教学资源管理技术为之提供作为基本的服务，同时还需要网络平台为之提供重要的保障，更需要资源分析技术帮助学生结合学习资源有效的分析和解决问题。这显然是技术层面有效强化学习资源支持服务的重要抓手。

二、技术支持服务的要点

技术环节永远是服务要素研究过程中不可绕开的话题，其原因在于服务具有极强的系统性，缺少技术层面的知识必然会降低服务的质量。因此，在探讨数字时代背景下的教学资源建设对学生学习支持过程中，技术层面所能够提供的支持服务必须放在重要位置，将其转化为现实就必须从建立校园网络和打造理想的网络教学环境两方面进行，而这也正是该领域技术支持服务的要点。

（一）建立校园网络

在数字时代背景之下，教学资源切实做到为学生学习提供强大的支持力与服务力，技术支持服务作为至关重要的一环，无论是在教学资源管理层面，还是在教师教学资源的选择、获取、加工处理、向学生传递，以及引导学生有效进行资源使用层面，都需要强大的技术条件作为支撑，同时发挥出服务作用，以此方可做到资源管理的系统化和开放化。在此期间，建立一个强大的校园网络无疑是重中之重。

特别是随着 5G 时代的到来，建立高度开放的校园网络无疑是确保教育活动提高开放性的关键，教学资源管理对学生学习提供的支持服务必然得到充分显现。具体操作在于引进 5G 基站，实现 5G 网络的校园全覆盖，并且建立网络机房和技术服务中心，为教学资源管理提供全天候的技术支撑。另外，还要避免网络拥挤的情况出现，应引进千兆共享网络专线，力求教学资源管理以及教师对教学资源的选择、获取、加工处理、向学生传递的路径更加畅通，为学生提供充足而又适用的学习资源，满足学生任何时间、任何地点对学习的需要。

（二）打造理想的网络教学环境

就学生实现深度学习和高效学习的必然条件来看，学习的自主性无疑是重要前提，所以教学习资源支持服务必须先要立足如何带领学生进入到自主学习的状态，所提供的技术支持服务也要将其摆在重要位置，理想学习环境的构建则是关键中的关键。

针对于此，为学生打造一个理想的网络教学环境，确保学生能够以最快的速度进入到自主学习状态，并得到长时间的保持就成为必须深入思考的方向。在拥有理想的校园网络作为根本的技术支撑基础上，随即应该将软件层面的技术支撑加以高度重视，其中就要包括资源管理方面，让学习资源能够为学生打造出一个较为理想的学习环境。在这一过程里，既要做到不定期发布相关的学习资源信息，让学生第一时间能够感受到学习资源的更新情况，又要针对"教"与"学"的资源整合过程和结果第一时间推送给教师与学生，为教师和学生建立一个"教学资源超市"和课程专属网页，实现"教"与"学"的资源共享，为学生自主进行探究学习与合作学习提供强大的资源保障条件。最后，还要向教师和学生发布教务管理的要求和标准，帮助其明确教学资源管理所取得的新成果和便捷性。

116

第三节　环境支持服务

任何事物的发展都离不开环境的支持，教育事业在数字时代背景下要始终保持又好又快发展姿态更是如此，环境趋于理想化则意味着教育事业的发展拥有理想的时代大环境，反之则会受到环境层面的严重制约。对此，在数字时代背景下，探究教学资源建设对学生学习支持服务所起到的作用与影响过程中，必须要针对环境支持服务方面进行深入的分析，具体则应包括社会层面的人文环境和科学技术层面的学习环境两个方面。

一、社会层面的人文环境

从基本构成来看，社会层面的人文环境所涉及的要素较多，主要体现在互联网技术、国家政策、教育理念、公众认可程度等多个方面，也可以说是对社会发展现实状况的总体概括。所以，各个领域的发展都要将社会层面的人文环境进行具体分析，数字时代背景下的教学资源建设也是如此，进而方可确保学生学习支持能够适应社会发展的大环境。重点关注对象如图 6-2 所示。

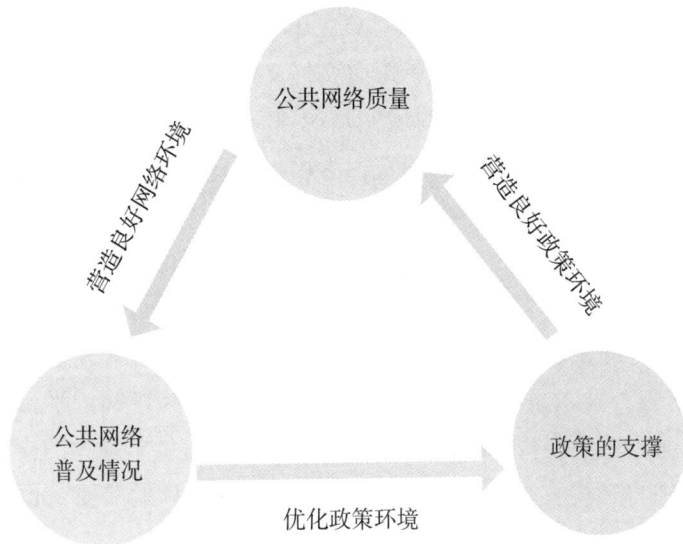

图 6-2　社会层面人文环境影响因素作用图

117

图 6-2 明确指出了社会层面人文环境影响因素的相互作用过程，而如何相互作用还需要进一步探明，具体如下。

（一）公共网络质量

随着时代的发展，"信息化"已经成为各领域各项活动开展的代名词，"信息化"教学俨然已经成为我国教育领域发展的杰出而又伟大的成果。在这一社会大环境下，教育教学工作有迈向了数字化发展新高度。

在此之中，我国已经形成了 4G 网络全覆盖，并且广大地区更是实现了 5G 网络的全面应用，这无疑为教育教学工作的全面发展提供了极为理想的网络环境，"教"与"学"活动的全面开展有了极为便捷的途径，为学生学习提供的环境支持与服务更是显而易见。而在我国未进入到网络新时代之前，无论是教师"教"的过程，还是学生"学"的过程，便捷化的条件都尚不够充分，固定时间、固定地点、面对面授课是不可缺少的三个基本条件，"教"与"学"的效率显然难以得到保证，学生"学"的自主性和深度更是缺少极为有利的条件，而在数字时代全面发展的今天，公共网络质量能够提供强有力的保证，让上述的一切都成为自然，都得到了根本性的改变，学生学习环境支持服务更是显而易见。

（二）公共网络普及情况

由于学习支持服务的主要作用对象在于"远程教育"，所以公共网络普及程度就成为决定学习支持服务能否迈向又好又快发展道路的关键因素之一。就当前我国公共网络建设与发展的现实情况来看，4G 网络的全覆盖，以及 5G 网络的强势崛起已经成为不争的现实，为远程教育的发展提供了极为理想的社会环境。

另外，公共网络的普及推动我国教育智能化发展的步伐不断加快，智能手机和平板电脑已经成为当今时代学生日常学习和生活普遍不可缺少的条件，而这也为远程教育的发展起到至关重要的推动作用。最后，再从教育技术的发展来看，"数字云"技术也为远程教育的发展提供了极为广阔的平台，无论是在资源保障方面，还是在技术保障方面都为学生学习提供了强大的支持服务，而这些显然都来自环境支持服务，"满足'教'与'学'的需要"也成为数字时代大环境下学习支持服务最为直观的展现。

（三）政策的支撑

政策环境是社会发展大环境构建的决定性因素，政策环境趋于理想化则意味着社会各领域的发展都会获得政策支持，各领域又好又快发展终究会成为现实，反之则不然。

就当前我国各领域发展的现实情况来看，又好又快已经逐渐成为现实，教育领域的发展也正处于又好又快的发展状态，其中教学资源建设已经取得了长足的进步，已经能够与数字时代发展所提出的具体要求相统一。早在 21 世纪初，教育部就已经颁布了《关于支持若干所高等学校建设网络教育学院开展现代远程教育试点工作的几点意见》，为我国高等教育全面强化学习支持服务提供了政策导向。进入到数字时代后，我国又相继出台了《现代远程教育资源建设项目管理办法》等一系列政策，为学习支持服务提供了一个极为理想的政策环境，特别是教学资源建设的力度与成果显而易见，为我国教育事业的发展能够起到至关重要的环境支持服务作用，学生学习支持服务的优势也得到了充分显现。

二、科学技术层面的学习环境

本章开篇已经明确了环境支持服务的基本构成要素所在，既包括社会层面的人文环境，又包括科学技术层面的学习环境。上节则立足于社会层面的人文环境构成条件进行了阐述，明确各个条件的主要作用所在，接下来本节就要针对科学技术层面的学习环境，以及各个环境在学习支持服务中所体现出的作用进行阐述，进而说明在数字时代背景下，科学技术层面的学习环境能够促进教学资源建设，并且能够推动学生学习支持服务实现进一步提升。

（一）网络技术

所谓的"网络技术"，指的就是通过互联网将所有资源融为一体的技术，是一切资源实现成为有机整体，并能做到高度共享的技术总称。我国已经进入数字时代，该时代的总体特征主要体现在三个方面：资源的永久性、资源的可复制性与及时性、资源的高效性。

就"资源的永久性"而言，资源以数字的形式存在与网络之中，并且以数字的形式存储起来，并且依然会以极快的速度增加资源总量，进而实现构建资源无限存储的大环境。就"资源的可复制性与及时性"而言，指的就是信息更新速度极快，并且实现以指数级速度复制到人们终端设备之中，真正实现信息最大程度覆盖，为人们享受更多的资源提供前所未有的便捷条件。就"资源的高效性"而言，是指数据自身就具备追求高效性的特点，信息的数字化更是将信息的高效性进行了升华，强调以最有利于人们接受的方式、最快的传递速度、最便捷的传递条件让人们去利用相关信息。而数据时代上述三个特征的体现都必须要有网络技术相匹配，为之提供支撑作用，而这也正是学习支持服务必须具备的环境。

（二）现代教育技术

教育技术的发展无疑成就着教育事业的发展，在不同时代背景下都会孕育出与时代发展大背景和大环境相适应的教育技术，为"教"与"学"提供较为理想的技术支持与服务。

面对数字时代的到来，当前教育技术的发展已经趋向于"云端化"，"云计算""云存储""云共享"已经成为现实，同时技术的成熟度正在不断上升，一系列更为先进的教育技术也正在生成。就当前教育技术的发展而言，其目的就是要将更为丰富的信息资源传递到广大教师和学生手中，让教师能够顺利开展知识的传递，以及学生的学习活动拥有更为方便快捷的途径。其中，在"教"与"学"的资源传递中，注重资源与技术的兼容性，并且为教师有效进行教学资源的加工和处理，以及教学资源类型、作用、功能的创新提供了理想的条件。这无疑为教学资源建设提供了技术层面的推动，更为学习支持服务提供了较为理想的环境，全面加快了学生自主学习、高效学习、深度学习的步伐，提高了"教"与"学"的品质。

（三）数据库技术

教学资源建设的道路中，"数据库"无疑是最为基本的技术条件所在，其原因在于数据库不仅拥有资源捕捉和资源存储两项基本功能，还具备资源处理功能，可以针对捕捉到的教学资源进行系统化的分析，结合教师"教"和学生"学"的具体需要进行深度处理，最终将其保存在数据库之内。

另外，数据库本身还具有大数据存储功能，其中设有极为全面的资源结构，能够实现不同类型、不同作用、不同属性的资源有条理的存储，以方便广大教师和学生的资源获取。再从数字时代背景进行分析，教学资源建设显然已经面向数字化，数据库自然成为教学资源建设道路中的"必选项"，不仅要求数据库的容量实现最大化，同时还要求数据库的功能做到全面化，满足海量数据资源的捕捉、处理、存储、传输、应用的切实需求，进而为学习支持服务提供较为理想的技术支持，让环境支持服务更为系统，满足学生个性化学习的需求，由此为学生自主性、高效率、深层次的学习夯实基础。

第四节　管理支持服务

管理支持服务作为资源管理导向下支持服务的重要保障环节，必须得到高度重视。在此期间，包括的内容主要体现于管理制度和管理措施两个方面。本章两节内容则分别将其加以阐述，以此来确保资源管理导向下支持服务能够拥有充足的保障条件。

一、管理制度的高度明确

管理支持服务的作用体现显然来源于管理制度是否科学合理，原因在于制度中能够体现管理的要求，要求科学、合理、明确则会确保支持服务活动的高度规范，同时也能为支持服务活动提供明确的指导作用，促进其活动行为的可持续发展。本节就从管理支持服务的实质出发，高度明确管理制度构建的原则，进而确定科学合理的制度内容。

（一）管理支持服务的实质

从字面出发，管理支持服务由"管理"和"支持服务"两个关键词组成。"管理"的内涵就是通过相应的手段实现某项活动的顺利运行。"支持服务"指的就是为某项活动顺利进行提供强有力的支撑条件和服务作用。通过解读上述两个关键词的内涵，将其进行整合显然能够说明管理支持服务的内涵所在，即为了实现某项互动顺利运行手段的有效实施所提供的支撑条件和服务作用，这也充分说明了管理支持服务的实质就是支撑和服务管理活动的顺利运行，数字时代背景下的支持服务管理支持服务自然也不排除在外。

（二）管理制度构建的原则

管理制度是否高度明确，其根本的影响因素在于构建原则是否清晰，因为原则本身为管理制度构建的出发点指明了方向，所以在一切管理制度建立之前，都必须拥有高度明确的原则作为支撑。数字时代背景下的支持服务管理制度构建也是如此，以下三个原则显然必不可少。

1.客观性原则

管理制度的制定就是要保证各项管理活动的有序开展，将各个环节加以规范，力求某项活动在管理流程中能够顺利运行。这就意味着管理制度本身要结合某项活动的每个节点，将其影响活动开展质量的因素进行客观分析，以保证该项活动开展的质量。在数字时代背景下支持服务管理制度的构建中，也要将客观性作为第一原则。

2.指导性原则

管理制度的构建其根本目的并不单纯指向于规范活动行为，更重要的是要帮助活动参与者建立规范意识，从而形成自我行为规范的习惯，所以管理制度本身也会具有较强的指导性。在数字时代背景下支持服务管理制度的构建显然也要体现出这一作用特征，并将其视为管理制度构建的基本原则之一。

3.发展性原则

"发展"作为各项活动开展过程中恒久不变的追求，以管理促发展也是各项活动在全面实施过程中的根本理念。对此，在数字时代背景下支持服务管理制度的构建中，既要体现出客观分析影响因素完善管理制度，又要指导活动参与者形成自我行为规范的意识，还要确保管理活动能够促进支持服务实现可持续发展。

（三）管理制度的内容组成

要在明确管理制度构建的具体原则基础上，确立制度的基本内容，以保证活动运行过程的质量。在数字时代背景下的学习资源支持服务运行过程中，管理制度的内容显然要包括资源周期管理、资源整合与优化、资源应用三个阶段，制度内容的要素构成如表6-4所示。

表6-4 管理制度内容结构组成

内容结构	构成要素
资源周期管理	监督与评价并行制度
资源整合与优化	指导性与发展性共存制度
资源应用	规范性与启发性相兼容制度

通过表6-4所呈现的管理制度内容结构和所包含的基本要素，不难发现

在支持服务流程的各个环节中，必须要有明确的管理制度作为重要支撑。其中，资源周期管理必须针对资源周期的合理性进行监督预评价。资源整合与优化环节中，要做到能够为其提供指导与促进发展的作用。在资源应用环节中，应确保其操作规范，同时能够为学生学习提供足够的启发作用，由此彰显管理制度本身的作用与价值。

二、管理措施的系统化

管理支持服务无疑是学习支持服务中最具保障性的条件所在，特别是在数字时代背景之下，教学资源建设迈向了新的阶段，教学资源管理工作发挥的保障作用更是极为凸显，为学生学习活动的有效开展发挥着决定性的作用。其间，如何进行有效开展"教"与"学"的资源管理活动，直接关乎资源能否为学生学习提供强有力的支持与服务。本节就立足管理措施作出具体概述，以保资源管理支持服务效果达到最佳。

（一）资源周期管理措施

教学资源周期管理作为教学资源整合优化的前提条件，管理措施能否做到得当显然直接影响着教学资源整合与优化的最终结果，更关乎教师"教"与学生"学"的过程，资源能否发挥出真正的支持与服务作用。

对此，笔者认为在资源管理导向下的支持服务研究过程中，管理支持服务在管理措施层面应将资源周期管理放在第一位。其间，既要做到加大对教学资源周期合理性的监督，又要针对资源周期管理的效果做出客观评价。就前者而言，监督的主体既要包括教学资源库管理人员，又要包括广大教师和学生，并且做到全员化、全方位、全过程监督，确保监督意见能够上传到教学资源库管理系统。就后者而言，要针对资源使用的现状，以及教师"教"和学生"学"的诉求判断资源生命周期的实际情况，进而作出客观的评价。其中，评价的标准要以信息资源生命周期理论为依据，评价的原则依然要体现出客观性、指导性、发展性，评价的内容要包括资源类型的合理性、资源的属性是否存在冲突、资源的作用与价值是否存在重叠等，进而为资源整合与优化提供客观依据。

（二）资源整合与优化措施

资源整合与优化作为管理活动中必不可少的项目之一，管理措施直接作用于资源能否实现作用与价值的最大化，数字时代背景下教学资源建设对学生学习支持也不例外，教学资源管理措施中，必须将资源整合与优化措施的高度完善放在重要位置。

具体操作主要体现在以下两个方面。第一，资源整合措施。根据资源的作用、属性、价值的现实情况进行具体分析，找出作用功能相同或类似、属性和价值相重叠的教学资源（或资源结构），并有针对性地进行相应的合并或剔除，确保资源结构以及每个结构中的资源在类型上，以及具体的作用与价值能够实现互补，为学生学习活动提供有效的支持和服务。第二，资源优化措施。在一系列的资源整合措施全面落实的基础上，要根据资源整合的结果，针对资源使用价值的具体情况，将使用率相对较低的资源进行有效的加工，如增加新的元素等，实现资源在一定程度上具有创新性，弥补资源结构或结构要素中存在的缺失，达到丰富学生学习资源，提升学习支持服务作用的目的。

（三）资源选择、获取、加工、使用措施

资源的选择、获取、加工、使用是资源应用的必然路径，各个环节的规范程度直接会影响资源本身的价值体现。因此，在资源管理策略中，上述各个环节的有效管理就成为关键的关键。数字时代背景下教学资源建设对学生学习支持也不例外，以此体现管理支持服务的作用与价值。

在资源的选择方面，要确保教学资源分类极为清晰，作用效果、属性价值能够充分体现，使教师"教"与"学"的资源获取能够有明确的方向，能够以最快的速度选择适合自己"教"和学生"学"的资源。在资源的获取方面，要保证资源下载、资源保存的路径高度明确和规范，让教师在获取"教"与"学"的资源中，能够有正确的保存路径，力保资源的输出效果达到高度理想化，使用效率不会降低。在资源的加工方面，要结合资源类型、作用与属性、价值为教师提供资源加工方案，辅助教师在教学资源获取后能够结合"教"与"学"的需要，进行有效的资源处理，实现资源作用价值的最大化。在资源的使用方面，要做到能够为教师和学生提供有效使用各种教学资源的相关建议，该措施不仅能促进教师教学资源的有效改良，让教学资源的生命周期能够得以延续，更能确保资源本身的作用效果能够实现最大化，为学生学习提供强有力的服务与支持作用。

第五节 交互支持服务

在前文中已经多次提到，学习支持服务主要体现在远程教育领域，这一概念更是在我国远程教育实现又好又快发展的时代大背景下所提出的。数字时代无疑是我国远程教育实现又好又快发展的重要载体，学习支持服务为学生学习提供的支持与服务作用在"交互"层面也有着淋漓尽致的体现。为此，探究交互支持服务就成为提升学习支持服务水平的重要抓手之一，"教"与"学"资源的深层次交互无疑是最为直接的体现。

一、交互支持服务的实现方式

交互支持服务是让一切可利用的资源实现价值最大化的必要条件之一，因为交互的过程是效果传递的过程，彼此明确资源应用的效果就意味着资源优化有了客观条件。对此，在探索资源管理导向支持服务的过程中，首先要明确交互支持服务的实现方式具体涵盖的方向，在数字时代背景下哪些实现方式可以作为理想选择。本小节主要针对这一方面作出具体的论述，论述范围如图6-3所示。

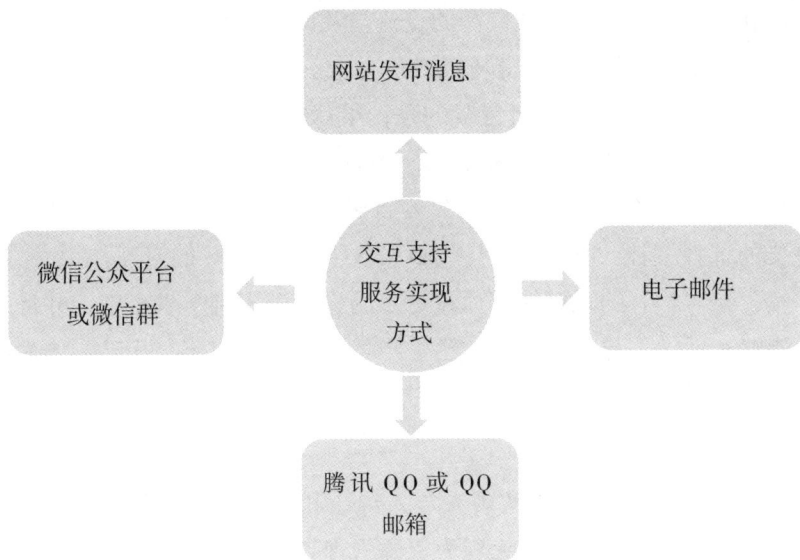

图6-3 交互支持服务实现方式选择范围

（一）网站消息

图6-3已经将"网站发布消息"置于最上端，这也说明"教育网站"是广大教师和学生获得教学资源的主要途径，特别是在数字时代背景下，"大数据技术""云技术"成为教学资源库建设的重要技术支撑，资源的丰富程度更是前所未有，因此教育网站成为教师和学生资源获取的主要路径选择。

但是，在教育网站中，资源获取和使用情况的反馈功能还有待进一步提高，平台本身的交互功能依然有待进一步的发掘。对此，这也为学习支持服务中交互支持服务更好地实现指明了方向。其间，网站消息及时向教师和学生反馈，同时资源获取与使用后的效果向网站反馈也实现了交互的双向性，能够更好地提高为学生学习提供支持与服务的 作用。

（二）微信和QQ

"交互"两个字的本意在于信息多方交流与互动，在信息传递中实现相互影响，让信息本身的作用与价值达到最大化。随着数字时代的到来，为了实现信息交互便捷性的不断提升，"微信"已经成为信息实现广泛交互的重要载体，具有受众范围较广的特点。

"公众号"和"微信群"是交互功能实现最大化的根本体现，用户可以在评论区发表自己的看法，同时引发更多人的高度关注，不同的看法又会引发新的评论和新的看法，最终实现广泛的交流与互动。远程教育自然强调"教"与"学"资源的深度和广泛交互，所以微信也成为学习支持服务中，交互支持服务实现的主要方式之一。毋庸置疑的是，虽然微信是QQ功能性延伸的产物，但绝非微信具有较强的交互功能而QQ不具备该功能。因此，在远程教育中，学习支持服务中的交互支持服务不仅要将微信作为重要的依赖，QQ也要成为一项重要的选择，让"QQ邮箱""QQ群""QQ空间"的交互作用充分发挥，确保"教"与"学"的资源能够通过更多的途径进入到学生手中，并且有更多的途径能够实现学生与教师之间，学生与学生之间的交流与互动，成为促进学生实现自主学习、高效学习、深度学习的有力推手。

（三）电子邮件

"电子邮件"是当代学生实现人与人沟通和交流的主要渠道之一，是当代学生重要的交互手段所在，这无疑为资源管理导向支持服务中的交互支持服务提供了理想途径。

在该过程中，具体操作在于学校开通专属于远程教育的电子邮箱，此后要向学生不定期发布学习资源，同时资源信息中既要突出信息的重点和难点，还要有探究学习的具体项目，用信息驱动学生形成自主学习和探究。另外，倡导学生将学习探究的成果第一时间上传至学校远程教育电子邮箱，将学习探究的成果与教师和其他学伴共享，并形成师生间和生生间的交互，进而实现交互支持服务的作用全面形成，为学生自主形成高效学习和深度学习提供又一有力推手。

二、交互支持服务的应用

交互支持服务是支持服务主体中的重要组成部分，是提高学习支持服务总体质量的有力保证。所以在探索资源管理导向下的支持服务过程中，明确交互支持服务的应用过程自然是关键中的关键。

（一）网站消息交互支持服务的应用

互联网为人们交流与互动的广泛性提供了难以想象的广阔平台，特别是在技术层面不断创新的背景之下，人与人之间的交流与互动在密切性和广泛性得到飞速提升，这位以为远程教育的发展提供了强大的教育载体。在上文中已经提到教育网站作为资源导向下实现交互支持服务的有效方式之一，而该方式的实际应用则包括以下两个方面。

第一，要建立公共链接，通过提交文件的形式实现页面交互。建立教学资源管理网站链接，实现教师和学生有效进入到网站内部了解教学资源显然是最基础的环节，在教师和学生学则相关资源的同时，要将资源类型、适用范围、作用与属性等相关信息简明扼要地呈现出来。除此之外，还要有信息反馈文件的提交功能，将此传递给教学资源管理员，为优化教学资源结构和内容提供重要的依据。第二，体现用户界面的引导功能，帮助教师和学生在选择和获取资源时规避错误。在每次进入到界面之后，教师和学生开始选择和获取相关资源时，要为之提供相应的提示框，强调资源适用范围和使用过程中的注意事项，进而确保教师选择和获取的教学资源具有高度的适用性，更能确保操作的规范性，规避错误方向和错误行为的同时，提高教师通过教学资源引导学生正确使用学习资源开展学习活动的效率。

（二）微信和 QQ 交互支持服务的应用

"微信"虽然作为一款受众范围极广的社交平台，因其交互功能极为显著，

127

所以可以被视为资源管理导向下交互支持服务方式的有效选择。其间，该方式的有效应用应重点关注以下两个方面。第一，建立专属于远程教育教学资源"微信公众号"。建立与关注微信公众平台是实现信息多方交流与互动的重要前提，信息中的价值也会直接作用于远程教育教学资源管理，以及教学资源应用的结果。最重要的是，微信公众平台中要有强大的信息反馈模块，确保交互功能的畅通，为教师和学生选择、获取、应用相关资源提供保障性服务条件。第二，教学资源结构模块要做到高度的系统化。教学资源模块作为专属微信公众平台的又一核心模块，模块中教学资源结构要系统化，能够做到根据资源的类型、属性、作用进行清晰化的分类，让教师与学生进入微信公众平台能够拥有目标明确、选择范围极广的资源选择空间。"QQ"交互支持服务的应用则要体现在"QQ空间""QQ邮箱""QQ群"三个方面，具体操作与"微信公众号"的应用流程高度相似，具体注意事项要体现在空间结构布局的合理性，以及邮箱和群信息流动性两个方面。

（三）电子邮件交互支持服务的应用

应用"电子邮件"实现交互支持服务的路径并不复杂，具体操作主要体现在以下两个方面。

第一，明确"电子邮件"的性质。电子邮件的功能性主要体现在安全性高、受众范围大、信息传递及时性较强等多个方面。另外，电子邮件本身的载体功能较为突出，能够满足各行各业各个领域信息交互的需要。对此，在资源管理导向下的电子邮件交互支持服务应用过程中，必须先明确电子邮件本身的性质，让信息抄送等功能切实为自学资源高质量管理所服务。第二，"电子邮件"的作用对象必须包括学生和教师两个维度。电子邮件交互支持服务的作用无疑体现在教师如何利用教学资源引导学生学习，学生如何运用学习资源有效开展学习活动。因此，电子邮件反馈的信息要相对较为固定，前者要结合教学资源的丰富性和元素融合的创新性，后者集中体现在学习资源应用过程和应用效果的满意度方面。

第六节　本章小结

在新媒体时代大背景下，教学资源有效赋能学习支持服务的关键条件较多，不仅体现在资源支持服务层面，还体现在技术支持服务、环境支持服务、管理支持服务、交互支持服务层面。其原因在于不仅要在硬件层面为之提供强有力的保障，还要在环境、技术、保障等层面为之提供强大的支撑力，由此方可确保数据时代教学资源建设更好地赋能学习支持服务。

一、本章所阐述的主要内容

通过本章五节内容，可以看出在教学资源体系构建中，教学资源切实做到为学生提供学习支持和服务作用的关键在于有效进行教学资源管理。其中，资源支持服务必须要有具体的标准和详细的操作规范作为前提，同时还要有充足的适应性资源作为重要支撑；技术支持服务必须要有建立校园网络和理想的网络教学环境作为支撑条件；环境支持服务必须注重社会层面的人文环境，以及科学技术层面的学习环境作为重要支撑条件；管理支持服务必须要有高度系统的管理制度，以及管理措施作为重要保证。另外，在交互支持服务方面，必须明确实现交互支持服务的方式包括什么，并且从中能够将其加以有效应用，由此方可做到教学资源建设充分发挥出支持与服务作用，最终促进学生习的主动性全面增强，并提升其学习过程的高效性。

二、本章所阐述的研究观点

通过本章所阐述的主要内容来看，可以看出在师资时代背景下的教学资源体系构建中，切实做到赋能学习支持服务必须从资源支持服务、技术支持服务、环境支持服务、管理支持服务、交互支持服务五方面入手。其中，资源支持服务的关键所在是确保资源丰富性和创新性，技术支持服务则是确保教学资源从设计到管理阶段得到高质量运行的技术保障，而环境支持服务则是让教学资源的作用价值在数字时代得到进一步发挥，为学生营造一个极为理想的学习氛围。管理支持服务是更加注重教学资源体系深化发展的关键条件，力保学生在各种类型学习活动中都能拥有足够的学习资源来提供支持和服务，交互支

129

持服务则更加注重教学资源本身的交互性得到深层次挖掘，以此让"教"与"学"的过程始终保持最佳状态。

而这不仅让教学资源为学生学习过程提供强大的支持力和服务力，还能确保学生养成良好的学习习惯，最终形成自主学习和高效学习的局面，而这些教学资源正是学习支持服务资源，值得每一位教育工作者不断进行深入研究与探索，而这也正是笔者在下一章节主要研究的内容。

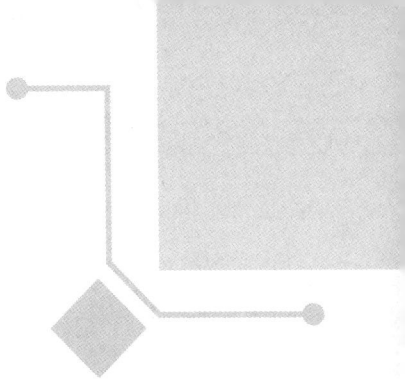

第七章 学习支持服务资源研究

从字面来看，可以解读出学习支持服务资源的表层含义，即：能够为学生学习过程提供全方位支持与服务的资源。但是从深层次出发，学习支持服务资源的内涵设立范围较广，需要进行系统性分析。本章内容笔者就立足学习支持服务资源的深层次内涵，将其进行涉猎的范围和作用加以深入研究，具体如下。

第一节 学习资源服务

学习资源服务是学习资源价值最大化的具体表现，也是学习支持服务资源实现有效应用的首要环节。但是，就概念角度出发，当前学术界并没有针对"学习资源服务"进行明确的概念界定，因此学习资源服务只是存在实践经验层面。对此，本章节就针对学习资源服务的实质进行深入研究，从而为明确学习支持服务资源涉猎的内容、作用与价值、应用过程打下坚实基础。

一、学习资源与学习支持服务的关系

学习资源服务作为数字时代背景下教育教学领域研究的新事物，是学习资源和学习支持服务两方面的融合。而新事物的由来必须具备合理的逻辑及关系，进而方可确保达到最终的目的，学习资源服务显然也不例外。为此，本节就针对学习资源与学习支持服务的关系加以阐述，以下就针对其具体表现加以明确。

（一）初衷的高度统一

从内涵角度出发，学习资源是促进学生掌握学习技能、获得良好学习方法、养成良好学习习惯的辅助性资源，资源本身的体现形式具有多样性和新颖性，能够为学生带来强有力的启发作用。

学习支持服务指的就是学习过程中的服务供给，包括服务内容的供给和服务对象的供给，如信息服务、资源服务、人员服务、设施服务等，目的就是要加快学生新知识和新技能的理解与掌握，以及各项学习能力的提升速度。对此，从内涵层面出发，都是以学生为主体，以促进学生的全面发展为根本，以加快学生学习效率和增加学生学习深度为目标。因此，两者之间在初衷上能够保持高度统一，所以教学资源与学生学习支持服务之间实现高度融合极为必要。

（二）内容上高度的个性化与普适性

面对数字时代的到来，教学信息化发展水平已经达到了前所未有的高度，教学资源的种类以及其内部所包含的元素高度丰富，极大程度上丰富了学生学习活动的内容和方式，让知识拓展、技能深化、能力拓宽有了更好的资源载体。

学习支持服务在数字时代背景之下，也将信息服务、设施服务、人员服务、资源服务作为重中之重，强调为学生学习活动有效开展提供的资源、信息、设施尽量丰富，同时在教师方面能够提供更为明显的引导作用。因此，教学资源的内容和学习支持服务的内容通常都会向学生呈现普适性的特征。另外，学习资源和学习支持服务内容的丰富能够满足不同学生学习的特点和需求，所以学习资源与学习支持服务的内容能够确保学生有效开展个性化学习，两者的相互融合有助于教育对象的全面发展。

（三）实践过程具有高度的互补性

教学资源在教学活动中的应用主要在于师生互动和生生探究两个部分，生生互动就是要让学生能够尽快掌握学习的重点知识，以及重点内容，让学生能够对本次教学活动产生一定的认知。生生探究活动是要让学生将所掌握的重点知识和内容进行内化，并实现学生合作能力、探索与讨论能力、问题分析与解决能力的全面发展。

学习支持服务在教学活动中的应用，具体表现无疑体现在有效激发出学生课堂学习的兴趣，点评学生课堂学习的状态和成果，为学生学习活动提出更好的意见与建议。就后者而言，每个环节都需要有教学资源作为辅助，以此来保障各项活动的开展过程更加形象，便于学生的理解和掌握，进而促进学生以最快的速度进入到自主学习状态。故此可以说明学习资源与学习支持服务之间存在明显的互补性关系，两者之间的有效结合更有利于学生实现高质量的学习。

二、学习资源服务的作用体现

学习资源服务作为学习支持服务资源作用效果产生的首要环节，而所谓的"学习资源服务"，指的就是为学生开展深度学习和高效学习提供合理的学习资源，让学习资源能够更好地服务于学生学习过程。特别是在信息产生到消失迈向数字化的时代大背景，学习资源服务的作用直观明显，为学生更广泛、更深入、更细致了解知识，更高质量的培养自身的技能与素质提供前提条件，能够有效支撑起学生的高效学习和深度学习，直观的作用体现如图 7-1 所示。

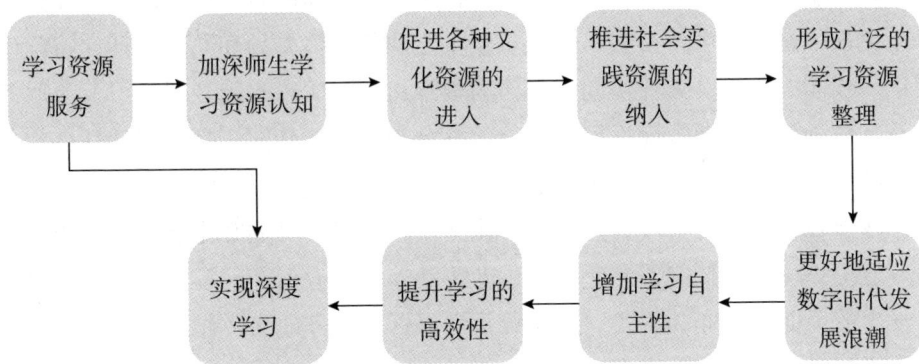

图 7-1 学习资源服务的直观作用图

图 7-1 明确指出了学习资源服务过程中，在学生与教师层面都会产生积极的推动作用，而作用具体呈现则需要进一步的研究与探索，接下来笔者就从三个方面加以阐述。

（一）加深师生间关于学习资源服务的认知

从学校教育与学科发展层面分析，都是将拓展学习平台视为第一要务，为学生的发展提供更为广阔的空间，让学生能够畅游于知识的海洋。学习资源无疑是关键的一环，通过学习资源有效为学生提供学习服务更是重中之重。对此，向学生提供学习资源服务显然能够推动学校教育和学科发展的核心力量。

"学习资源服务"的根本在于"服务"两个字，故而其理念在于服务学生开展学习活动的有效开展。教师作为服务学生开展学习活动的主体，学生则是服务对象，学习资源则是辅助条件（或"加速剂"），目的就是为教师通过教学资源，帮助学生开展高效率、有深度的学习活动。这一过程显然让教师能够明确学习资源服务的意图，同时在学习资源的选择与获取过程明确了方向，更让学生能够意识到如何借助学习开展高效率、深层次、自主化的学习，对学习资源服务这一新领域能够拥有更为深刻的认知。

（二）有助于对各种文化资源和实践资源的整理

就学习支持服务资源的应用对象而言，集中指向于学生，由于学生作为新时代中国特色社会主义现代化国家的建设者，所以所学习的知识范围较广，既包括专业领域的相关知识，又包括各类文化知识，还包括实践知识。

因此，如何让上述各领域知识真正被广大学生吸收和内化就成了高等教育工作者着重思考的问题。学习资源服务作为一种全新的教学服务理念，在措施上也更加强调以学生学习为本，尊重学生之间的个体差异和共性特征，将学生知识、技能、能力、素养协同发展作为根本追求，所以有效开展学习资源服务必然在各种教学资源方面进行全方位的整合与深化。其间，既要包括社会文化资源和民族文化资源，又要包括学科文化资源和专业实践资源，力求学生不仅能够在学习过程中受到极为强烈的文化熏陶，提高自身的文化素养，还能在学科专业知识、专业技能、专业能力、专业素养方面得到全面发展的空间，将促进学生的全面发展变为现实。这无疑是学习资源服务的又一作用体现，要是学校建设和学科发展的有力推手。

（三）更好地适应数字时代浪潮的发展

学习资源服务显然是要以资源为前提、以服务为理念、以促进学生开展高品质学习为既定目标，而目标的实现必须要有必要的前提条件和先进的理念作为支撑。

因此，在落实与开展学习资源服务活动中，必须要有充足的学习资源作为挑战。通常来讲，在教学活动中，教学资源的使用往往是有限的，但是学生学习过程中所要用到的学习资源却是无限的，资源越是充分学生从中受到的启发则会越深，学习的效率和深度也会随之增加，反之则不然。在数字时代背景之下，教学资源的丰富性已经达到前所未有的高度，可供学生学习的资源也在快速增长，所以通过学习资源为学生提供更好的学习支持与服务是提高教学资源应用价值，确保"教"与"学"的效率保持高度同步的关键，也是应对数字时代发展发挥教学资源的重要举措。这显然也是学习资源服务的重要作用之一，更是学习支持服务资源可持续发展的依据所在。

三、学习资源服务的形成

学习资源服务的作用体现需要经过从无到有的过程，最终才能实现作用效果的最大化。其中，起始点体现在学生开始接纳学习资源，并能对其产生浓厚的兴趣，服务作用趋于成熟则表现为从学习资源中受到强烈的启发，改变自己关于学习的认知和态度，而作用的最大化自然体现在能够帮助学生建立正确的学习行为、严谨的学习态度、良好的学习习惯。本节就针对学习资源服务的形成过程与具体表现加以阐述。

（一）学习资源服务的初步呈现

学习资源服务从无到有需要经历一个完整的过程，服务的初步呈现无疑是第一阶段，具体表现就是学生在学习过程中，对学习资源的高度认同。学生接受学习资源意味着服务作用的全面开启，原因是学生在学习过程中，资源是否新颖、传递的信息是否清晰、是否感兴趣都能影响学生的第一印象，如果答案高度肯定，那么学生必然会在接触到学习资源时，就已经对其产生了兴趣，反之则不然，学习资源向学生提供的服务作用体现在学习兴趣的激发层面之上。在此期间，教学资源服务的形式主要体现在课堂学习情境的创设，教师将所获取的学习资源呈现在学生面前，让学生能够顺利接纳的同时向学生提出具有趣味性的问题供学生思考，然后参照学习资源让学生从中受到启发，感受到课堂所要学习的新知识与之密切相关，进而激发出自己学习本课新知识和新技能的欲望。另外，也为学生各项学习能力、知识素养、专业素养的全面发展打下坚实基础。

（二）学习资源服务的成熟化

在学生顺利接纳学习资源的基础上，随之而来的就是学习资源服务作用逐渐走向成熟，具体表现就是教师通过引导和启发让学生从学习资源中得到更多收获。

具体实践操作体现在两个方面：一是师生之间的互动，二是生生之间的合作。就前者而言要结合学生学习资源提出互动话题，力求师生之间能够围绕学习资源中的某一条，或者某几条信息形成有效的沟通与交流，学生将自己的发现和观点与教师分享，教师随之要根据学生的思考角度和观点的提出，结合自身的经验提出不同的看法与建议，从中让学生能够在教师的引导下，从学习资源中受到深层次的启发，以最快的速度掌握课堂学习的重点，并为学生沟通与交流能力的发展提供较为理想的空间。就后者而言，教师结合学习资源向学生设置共同探究的学习项目，倡导学生之间的自由分组、自行设计探究流程、自主进行分析与讨论，验证观点的可行性与准确性的基础上，将其加以归纳和总结。教师则深入到学生之中有针对性地加以引导和启发，让学生能够从中找到最为可行的学习项目研究过程的解决方案，以最快的速度攻克学习难点。这一过程显然学习资源所发挥的服务作用趋于成熟，学生学习的成果已经得以体现，"教"与"学"的效果能够达到理想化水平。

（三）学习资源服务的最大化

在学生日常学习活动的全过程中，激发学生的学习兴趣、帮助学生以最快的速度掌握学习重点、高效率地攻克学习的难点无疑是关键环节，但并不是学生学习活动的全部，让学生客观审视自己的学习成果和状态，找出学习活动中的可提升空间，并明确深度学习和高效学习的方向显然是最后一环。

学习资源服务显然也要在这一环节中体现出相应的作用，进而达到学习资源服务作用的最大化。其间，要立足学习资源的使用情况和学习资源使用时的态度，有针对性地进行点评和指导，让学生能够意识到学习资源中传递的哪些信息未得到高度重视，哪些信息已经引起了高度注意，并且从中受到了深刻的启发，同时将学习资源有效应用的方法和建议传递至学生手中，成为学生有效开展学习活动的"利器"。这无疑是学习资源服务作用实现最大化的直观表现，更是学生学习能力提升和良好学习习惯全面养成的具体途径。

第二节　学习过程服务

学习过程服务目前并没有较为清晰的概念，但是在教学活动中该服务已经存在，并且在学生学习中所能够提供的支持作用较为明显。尤其是在数字时代背景之下，"教"与"学"的资源极度丰富，最大程度发挥学习资源在学生学习中的支持与服务作用，让学生真正实现自主化的、高效率的、深层次的学习就成为教师探索与研究的重点，学习过程服务也正是在这一时代背景下应运而生。

一、学习过程服务的内涵解读

结合当前学术界研究成果，并没有对"学习过程服务"作出明确定义。然而，在数字时代之下，学习支持服务资源已经得到了有效应用，学习过程服务在无形中也已经出现。对此，深入解读学习过程服务的内涵就成为全面提高学生学习自主性和高效性，有效增加学生学习深度的重要保证。本节就立足学习过程服务的本质、特点、价值，将学习过程服务的内涵加以深入解读。

（一）学习过程服务的本质

学习支持服务资源应用下的学习过程服务与其他教学服务具有明显的差异性，其根本原因在于学生学习资源的支持与服务作用达到了最大化，让学生能够根据学习资源自行开展学习活动，突出学生知识、技能、能力、素养的自我培养，而这显然也是学习过程服务的本质所在，下面就对其进行具体说明，如表 7-1 所示。

表 7-1 学习过程服务本质概括说明

本质特征	本质说明
全程化服务于学生学习	学生的主体性尽显
学习资源作用效果最大化	学习资源的决定性更为突出
教师引导和启发为次要条件	教师作用体现在"辅助"两个字

立足表 7-1 的本质说明，可以看出学习过程服务的本质将"学生主体性"进一步升华，强调学生"学生学习主体性"，一切活动都是要以利于学生学习为目的，突出学习资源作用的最大化，教师引导和启发作用次之，彰显学生学习活动中的"辅助性"，学习资源引导与启发的作用放在第一位。因而形成独具一格的学习过程服务。

（二）学习过程服务的特点

学习过程服务的优势展现于支持学生高质量的学习过程，帮助学生自主消除学习中所产生的疑惑，以及解决学习中产生的问题，进而增加学习的深度，让学习效率能够充分彰显，这也正是学习过程服务特点的集中表达。具体如表 7-2 所示。

表 7-2 学习过程服务特点一览表

特点概括	特点说明
引导与启发的过程性	思维引导与启发贯穿学生学习全过程
资源调节的及时性	能够根据学生学习需要及时调整学习资源
效果呈现的直接性	课堂学习伴随服务效果的出现

结合表 7-2 中的特点说明，需要进一步说明的是第三个特点，在以往课堂活动中，教学效果往往学要在教学活动结束后的一段时间方可显现，因为教师提供的引导和启发往往不是来自学生学习资源，而是普通的教学资源，教学资源的服务作用具有双向性特征，并不能直接指向于学生学习全过程，因而支持与服务学生学习的效果需要经过长时间积累方可体现。学习支持服务资源的应用中，学习过程服务作为关键环节，强调学生学习资源的高度适用性，力求学生在课堂学习中能够快速得到引导和启发，以最快的速度掌握并攻破学习的重点与难点，所以课堂学习的全过程都会有明显的服务效果出现，学生随时都能有所感受。

（三）学习过程服务的价值体现

学习过程服务与课堂教学教师提供的其他服务方式存在明显的不同，原因就是学习资源成为服务学生学习的核心条件。资源的高度适用，以及带有引领和启发学生学习作用是关键中的关键，故而在学生学习活动中有着较为明显的价值，具体如表 7-3 所示。

表 7-3 学习过程服务价值说明

价值体现	价值说明
促进自主学习	学生快速进入学习状态并能自行长时间保持
实现高效学习	以最短的时间掌握学习重点并攻克学习难点
增加学习深度	深层次分析问题并能发现和解决新问题

结合表 7-3 价值说明，在增加学习深度方面还需要作出特别说明，即学生学习过程中，学习资源体现的主导作用更为明显，学生通常都会根据学习资源自主进入到探究阶段，如遇难以进行深度分析或解决的问题方可向教师寻求

帮助，教师也会结合学习资源为之提供引导或启发，力求学生思考角度始终能够保持一致，由此达到促进学生增加学习深度的目的。

二、学习过程服务的侧重点

通过前文的论述不难发现，随着数字时代的到来，我国教育资源库的建设力度正在不断加大，并且在教学资源管理水平方面也正处于快速提升之势，学生学习资源的更新换代速度也在不断加快。对此，也为学习支持服务资源的高质量运用，全面提高学生学习质量提供了较为理想的平台。对此，学习过程服务也进入了学生学习活动之中。将其转化为现实却是一项系统工程，侧重点必须高度明确，具体表现为以下三个方面。

（一）学习资源选择必须具备高度的准确性

学习资源的有效选择是学习资源有效应用的首要环节，选择方向和对象是否正确直接关乎其应用质量，更会影响到学生学习过程的服务质量。确保学习资源选择的准确性就成为学习过程服务的第一侧重点。

具体操作在于先要做到以学生学习的特点、理解与接受能力、普遍的兴趣爱好及个别学生的特殊要求为依据。此外，还要结合学习材料的元素特征，以及与学习内容的相关度进行学习资源的确定，进而实现学习资源能够成为支持和服务学生学习的直接条件，同时还能为教师有效引导和启发学生学习的辅助条件，所以采取有效的措施提高学习资源选择的准确性必须视为强化学习过程服务的侧重点。

（二）学习资源的后续处理与加工应得到高度重视

学习资源能将信息高质量地传递给学生是促进学生主动学习，并且形成有效启发作用的关键环节，学习资源的后续处理与加工就成为学习过程服务实现高质量的影响因素。

为此，全面强化学习资源的后续处理与加工流程，应视为学习过程服务的侧重点之一。其中，工作重点主要体现在教师层面，后续处理与加工的环节应包括图像对比度处理、视频清晰度调节、音频降噪、文字剪辑等。另外，还需要针对文化元素的丰富等多方面进行处理，以保学习资源能够促进学生文化素养、专业素养、实践素养、道德素养的全面发展，让学生在主动学习的过程中，能够实现品质层面的升华，提高学习的质量。

（三）教师的引导和启发作用要适时开展

教师引导是加速学生学习资源理解的重要因素，但是在学习过程服务中，学习资源所要发挥的引导和启发作用为第一位，教师引导与启发则是第二位，要突出学习资源在支持与服务学生学习的主体性。

针对于此，教师的引导语启发作用要适时呈现无疑成为学习过程服务的又一侧重点。其间，主要操作在于教师全过程观察学生的学习活动，分析学生学习过程中疑问产生的原因，以及问题解决过程中必然会遇到的阻碍，最终结合学习资源为之适时提供引导和启发，让学生学会高效利用学习资源和学会如何开展学习活动，无形中促进学生学习的自主化和高效性，增加学生学习的深度。

三、学习过程服务效果的反馈与分析

综合前文的观点阐述可以明确得出一个结论，学习支持服务资源存在的意义就是能够为学生学习过程带来最大程度的帮助，让学生真正喜欢学习的过程，并从中收获令自己满意的成果，让资源引导人、启发人、陶冶人的作用最大化，助力学生学习过程由被动变主动。其中，学习过程服务显然是中坚力量，实时保证学习过程服务效果达到最佳更是至关重要。对此，最为理想的选择莫过于有效反馈相关信息，并将其进行系统分析。

（一）明确学习过程服务效果反馈的路径

在数字时代背景之下，远程教育成为全面提高教学效率和扩大教学受众范围的主要路径，学习支持服务也随之进入到教育领域之中，学习支持服务资源的使用频率也随之大幅上升，为学生提供的学习支持和服务作用更是显而易见。

如何确保其作用长时间保持，并且始终处于作用提升状态就需要大力开展效果反馈工作，明确反馈的路径显然是前提，也是基础所在。由于教学途径的不同，"线上"和"线下"两种教学方式可采用不同的效果反馈路径，前者要将"线上"完成并提交调查问卷或调查量表为路径，从学生口中了解到学习过程服务的效果，后者则可通过发放并回收调查问卷或调查量表的路径来开展，力求更加直观地了解到学生关于学习过程服务的满意度。在此期间，需要注意调查问卷或调查量表的发放与回收要做到全覆盖，为客观了解学习过程服务整体效果夯实前提条件。

（二）有效选择学习过程服务效果反馈信息的分析方法

"数字"是作用效果最为直接的表达方式，所以在作用效果反馈后通常会将其进行量化，进而确保作用效果能够更加直观，体现出是否达到所规定的具体要求。

然而，学习过程服务效果往往很难用数字直接体现，其原因极为简单，服务效果普遍存在学生内心之中，只有学生经过学习资源的使用表达出内心看法，此后教师将其进行收集、整理、归纳、分析，最终方可获得客观而又准确的分析结果。然而，这些反馈信息往往不能以"数字"的形式直观体现服务效果，所以在反馈信息的分析过程中，要选择模糊综合评价的方法进行分析。原因是该方法能够将定性转化为定量，学生所反馈的信息具有一定的模糊性，或者难以量化的情况，只要根据评价标准将其进行转化，就能够获得准确的量化结果，进而实现对学生学习过程所提供的服务效果，让优化学习过程服务方案拥有更为客观和可靠的依据，最大限度满足学生学习的需要，促进学生实现自主、高效、深度学习。

（三）归纳分析结果并制定优化建议

在得出明确的分析结果基础上，要针对其结果进行分析，找出学习过程服务措施的优势与劣势，并从中表明相关的优化建议。分析结果的归纳要从结构的角度开展，主要涉及学习资源服务方面、教师引导方面、学生理解与接受方面。

学习资源服务分析结果主要是针对学习资源的适用性进行分析，因此分析结果主要体现学习资源在支持和服务学生学习的作用大小。教师引导分析结果主要体现在人力服务效果方面，因此分析结果主要反映教师引导和启发的方式对学生学习起到的服务作用大小。学生理解与接受分析结果主要指向于学生自身方面，从而反映学习支持与服务效果是否是由学生自身层面所造成。最后，教师要结合归纳出的分析结果，有针对性地制定出学习过程服务优化建议，以供教师参考和借鉴，最大程度避免制约学习过程服务效果最大化因素的继续存在，让学习支持服务资源应用效果始终保持最佳。

第三节　学习设施与技术服务

学习资源涉猎范围极大，既包括上文中所阐述的信息资源，又包括设施与设备方面的硬件资源和技术资源，后者通常也会对学生学习支持与服务提供至关重要的作用与影响。因而，在研究学习支持服务资源的道路中，不可避免地要将学习设施与技术服务视为一项重要内容。本章节就立足该内容进行全面探索，具体如下。

一、学习设施服务

学习服务设施是学习过程中提供服务的"硬件资源"，既可以包括学习的场地和设施，又可以包括学习的设备，确保其能够为学生学习活动的顺利开展提供服务。让学习支持服务资源保持高度完善，并且能够相互为之提供支撑作用，助力学生学习成果达到最大化。

（一）图书馆服务

图书馆是知识与文化的汇聚地，所以也是学生普遍的知识重要来源地，应确保学习支持服务资源应用效果的不断增强，图书馆能够为学生提供的服务作用显然至关重要。要做到图书馆的一切数据能为教师和学生开放，包括相关电子杂志、电子期刊、实验研究成果等，同时还要配有研究员、教授、专家，能够为学生提供及时的指导，帮助其了解各领域的研究进度和成果，确保学生在某个领域能够实现高效、深度、自主学习。例如，图书馆可定期举办线上推书推介会、研究成果论坛交流与推介会等的活动，共享各领域研究成果的同时，让这些最前沿的资料成为学生的学习资源，由此达到进一步支持和服务学生学习的目的。

（二）计算机室

就当前我国高校硬件资源建设的总体状况而言，各个学院普遍实现了拥有独立的计算机室，以供学生查阅和下载学习资料，了解专业领域的学术前沿和文化发展大趋势。这无疑为学生学习活动的高质量进行提供了强有力的设施保障，但设施服务的作用并未能最大程度体现出来。为此，在探索学习支持服务资源对学生学习支持与服务作用最大化的道路中，确保学习设施服务作用的充分体现应将"计算机室"作为侧重对象，以此为学生自主化、高效化、深层化开展学习活动提供更为充足的硬件保障条件。

二、学习技术服务

学习技术作为学生学习资源中的"软件资源"之一，特别是在数字时代背景之下，学习技术已经成为学生有效利用学习资源的途径所在。正因如此，在深入探讨学习支持服务资源过程中，必须明确学习支持服务所包含的内容，以及学习技术服务的作用体现，以下就以此为中心进行具体阐述。

（一）公共学习平台服务

结合当前现有的公共学习平台，包括"慕课""终身学习公共服务网络""高等教育资源公共服务平台"等，学习平台的功能体现在课程资源、课程内容讲解、课程解答、线上服务等多个方面，能够为广学生夯实学科知识、丰富自身知识体系、拓展专业能力、提升文化素养、增强学科专业素养提供有利的服务。

可是，从受众程度来看，广大学生并未能做到高度关注，并将其视为增强自身知识、技能、能力、素养的有力途径。而造成该现状产生的原因极为明显，就是公共学习服务平台推广力度还有待进一步加深，以帮助学生改变固有的学习认知和观念，使课程内容广泛浸入学生心田，使建立实现自身知识与技能、能力与素质全面发展的全新意识。

（二）无线网络

随着数字时代的到来，无线网络已经成为人们日常生产、生活、学习不可缺少的基本条件，也是人们广泛了解社会发展动态和实现广泛共同交流的途经所在。

在学生学习中，为之提供的服务作用更是极为明显。在这一时代背景之下，很多大学校园已经实现了5G全覆盖，为学生日常学习和生活极大程度上提供了便利条件。这些便利条件显然都为学生学习提供了强有力的技术服务，同时种类多样、作用突出、价值明显的学习资源也能够更好地进入到大学校园，为学生高效率、深层次的学习提供了强大的技术服务条件，更为良好学习习惯的养成提供了技术层面的支持。

（三）学生个人邮箱

个人邮箱的实质就是互联网为实现个人与社会之间的联通提供的私人空间，在该空间中可以进行最基本的人际交流和互动，同时也能将自认为有价值的资源和材料进行收集和存储，以供日后进行经验的总结和参考。

基于该实质，在数字时代背景之下，学习支持服务资源的应用路径中，学生个人邮箱可视作为学生学习提供有效技术服务的载体。其间，学校要建立公共邮箱，并将其推送给全体学生，与其广泛建立起联通渠道，随后要结合学科教学工作进度定期发布学习资源，帮助学生能够夯实知识基础的同时，引领学生进行知识拓展与技能提升，最终实现能力与素养的协同提高。这一过程误以为学生提供了学习技术服务，学习支持服务资源的应用效果势必得到进一步展现。

第四节　本章小结

在前文中，笔者已经多次提到当前我国已经进入数字化发展的新时代，信息传递方式已不再是单纯依靠传统媒介来进行，而已拥有更多的媒介和载体支持信息的传递，让资源不仅能够在应用的过程中更加具有高效性，更能确保资源本身的创新性和丰富性，资源的共享程度也更高。教学资源建设在该时代背景之下，显然也会体现出这一明显特征，为学生"学"的过程提供极为全面的支持与服务作用，而这也正是教学资源建设赋能学习支持服务的重要表现。在此期间，学习资源服务、学习过程服务、学习设施与技术服务无疑是关键性条件所在。

一、本章所阐述的主要内容

在本章前三节内容中，笔者针对学习资源本身所具有的服务作用作出了具体阐述，表达出学习资源本身是为了促进学生更好地进行学习内容的理解、接受、掌握、拓展和内化，充分说明学习资源的重要性所在，从而既能充分体现学生所运用的学习资源与学习支持服务之间所呈现的关系，又能明确表达出学习资源支持和服务学生学习的作用所在，以此为侧重点能够确保学生所掌握的学习资源不仅是资源，更是支持和服务学生学习的桥梁。

　　与此同时，还强调学习支持服务要体现在学习过程之中，并结合学习过程中设施和技术的应用，将其服务作用最大程度发挥的具体操作加以明确，进而为学生学习活动营造出良好的学习环境提供强有力的前提。

二、本章所阐述的研究观点

　　结合本章所说的内容，笔者认为在新时代背景下教学资源建设道路中，切实做到有效赋能学习支持服务是一项较为系统的工程，起决定性的条件不仅体现在学生学习资源本身，还体现在学生学习的全过程之中。而在学生学习全过程当中学习设施和学习技术能否发挥出强有力的保障作用也至关重要，所以在数字时代背景下教学资源有效赋能学习支持服务必须从学习资源、学习过程、学习设施、学习技术四个层面入手。真正做到既拥有极为理想的前提条件为学生学习活动提供全方位的支持与服务，又拥有极为有力的保障条件作为保证。对此，笔者在接下来的章节中，就会针对其保障条件作出明确的论述。

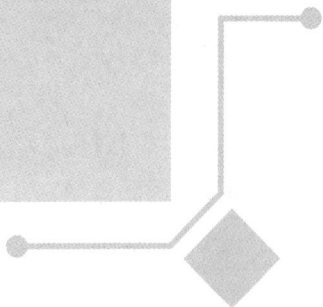

第八章　学习支持服务评估与服务环境研究

众所周知，构建良好的学习环境需要诸多因素共同作用方可实现，其中教学资源能否为学生学习提供有效的支持和服务显然是关键所在。对此，有效开展学习支持服务评估活动就成为保障性前提条件，并以评估结果为依托方可为学生构建出良好的学习环境，本章笔者就立足这两方面进行深入研究，希望能够为广大学者、教师、教育管理工作人员带来一定的启示。

第一节　学习支持服务评估研究

由于质量评估作为全面保证某一行为活动高质量开展的重要条件，所以在各项行为活动实施过程中，普遍将质量评估作为必不可少的环节，数学时代背景下的教学资源建设与发展显然也不例外，其中质量评估结果自然能反映出能否为学生提供高质量的学习支持与服务。在此期间，必须要有质量监控、质量评估、信息反馈和改进三个主要环节。

一、质量监控

质量监控是质量评估效果达到理想化的重要保证，所以做好学习支持服务评估工作必须先要有效开展质量监控工作，特别是在数字时代背景下教学资源建设过程中，有效开展学习支持服务必须强调将学习支持服务的质量监控视为重要一环。本章就以质量监控模式、质量监控体系的构建、质量监控措施的实现三方面为着眼点，将质量监控的具体操作流程作出系统阐述。

（一）质量监控模式

质量监控模式涵盖的范围主要包括质量监控的理念、要求、实施过程三个方面，是质量监控体系形成和质量监控措施有效开展的基础所在。本小节主要立足这三方面将质量监控的具体模式进行具体阐述，为打造出质量监控体系和具体实施措施奠定坚实的基础。

1.质量监控的理念

质量监控理念的先进性直接会影响质量监控的总体效果，理念具备较强的先进性，监控实施过程则能为质量评估结果趋于理想化提供有力推动，反之则不然。为此，学习支持服务质量监控模式的构建显然要将确立具有先进性的质量监控理念置于首位，主要包括图 8-1 中所呈现的三个基本理念，为质量监控体系的构建和措施的落实奠定基础。

以服务学生学习为中心	引导并启发学生学习的全过程，帮助学生收获更多的知识和技能
以支持学生学习为追求	强调帮助学生真正学会学习，能够正确使用学习资源，能够正确开展师生间和生生间的互动与合作。 在学习过程上，要促进学生总结学习经验与方法，确保对学生学习过程实现全员化、全过程、全方位引导
以实现高品质化发展为动力	始终了解学生学习的特点与具体需要，始终以满足学生最根本和最迫切的需求为中心，强调教的过程能够带动学生进入自主学习状态，并最终实现高效化和深层次学习

图 8-1 学习支持服务质量监控理念归纳图

正所谓"知其然，更要知其所以然"，在图 8-1 中，已经将学习支持服务质量监控的理念进行了归纳，而理念的深层内涵具体如下。

（1）以服务学生学习为中心

学生学习支持服务质量无疑要体现在学生学习过程中，学习资源能够为学生提供的引导和启发，教师能够为学生学习过程带来的指导与促进作用，设备与设施能够为学生学习提供的硬件服务显然都会影响学生学习的效果。为此，

147

质量监控各个环节的落实都必须要以全方位服务学生学习为中心，而这也正是学习支持服务质量监控模式构建与运行的基本理念。

（2）以支持学生学习为追求

学生学习活动的顺利开展需要必要的前提条件、强有力的辅助条件、完善的保障条件作为支撑，必要的前提条件就是要有浓厚的学习兴趣，辅助条件就是教师及时的指导和启发，保障条件就是来自教师及时的信息反馈，而这些条件都可以统称为学习支持条件，教师和相关的资源则是提供服务作用。因此学习支持服务质量监控模式的构建必须建立"以支持学生学习为追求"的理念。

（3）以实现高品质化发展为动力

学生自主化、高效化、深层次的学习需要的因素有很多，有内在的因素也有外在的因素，但通常都会通过外在的因素来促进内在因素产生，内在因素则是学生实现高品质学习的根本。对此，实现以外在因素促进内在因素形成的过程则是全面提高学生学习品质的动力所在，而这显然也是学习支持服务质量监控模式构建的基本理念。

2.质量监控的要求

由于学习支持服务质量监控各个环节需要做到环环相扣，要求质量监控过程中必须在操作流程上做到方法的合理，同时还要确保监督的力度不断加大，进而让教学资源建设能够为学生学习支持服务质量的全面提升起到至关重要的推动作用。

在此过程中，首先，具体要求分别表现在发挥教学资源管理人员、学生、教师、社会的主体作用，确保质量监督能够体现在各个维度。其次，还要遵循质量监控的基本原则，做到准确把握质量监控的关键点，确保影响学习支持服务质量的因素能够得到强有力的监督与控制。最后，还要在质量监督信息回馈方面作出具体分析，明确导致质量监督现状产生的主要原因所在，并在监督技术、监督人员、监督方法上做到有效调整，进而确保质量监督的效果达到最佳，为教学资源建设和学习支持服务过程达到甚至超出预期目标提供强大的推动力。

3.质量监控的过程

在确立质量监控的理念和质量监控的要求基础上，随即要质量处质量监控工作开展的具体过程，让质量监控模式能够得到清晰化的体现。

学习支持服务质量监控的具体操作过程在于以下三个部分。第一，制定质量监控规划并明确质量监控原则与目标。质量监控工作流程始于前期准备工作，并非具体实施阶段，故而制定出完整的质量监控规划，明确其原则和目标是最为初始的阶段，也是质量监控工作有效开展的理想前提条件。第二，确立质量监控实施主体选择范围和监控内容。确立质量监控规划、原则、目标的基础上，随即要将质量监控实施主体加以高度明确，准确把握质量监控的范围和侧重点，让质量监控的内容更加清晰明了，进而保证质量监控的效果在实施流程中得到体现。第三，选择质量监控手段，实施质量监控措施。其间，在技术层面和人工层面都要加大投入力度，强调数据的及时反馈和监控策略的及时调整，让监控过程更加系统和完善的同时，确保教学资源建设和学习支持服务质量能够稳步达到预期目标，并逐渐超出预期目标。

（二）质量监控体系的构建

学习支持服务的本质是为实现自主学习、高效学习、深度学习目标而提供一切指导与服务，涉及的要素也极为系统，而每一要素的作用效果都会直接影响学习支持服务的整体质量和效果。对此，确保各要素的作用效果始终能保持最大化就需要进行全面而又系统的质量监控。上文笔者就针对质量监控的模式进行了具体阐述，接下来则是针对质量监控体系的构建过程进行明确。

1.明确质量监控的主体

学习支持服务作为全面提高远程教育质量的有力推手，学生学习的质量是最为直接的证明。对此，学习支持服务的效果势必会直接影响的学生学习的质量。

为此，有效加强学生学习支持服务的监控，显然要将监控主体的高度明确放在首位，而这也是质量监控体系构建的首要环节。具体应该包括教师、学生、社会三个层面。教师层面：应主要反馈教学资源建设道路中资源设计、开发、存储、传输的具体效果，以及在实际应用中真正能够为学生起到的作用包括什么，力求学习资源支持服务的落实效果能够达到最大化。学生层面：主要反馈在学习过程中，学习资源为自己带来的启发情况，能够促进与学伴、教师之间形成紧密的交互、学习资源的新颖性和学习需要的满足情况，并且还要反馈资源选择与获取过程中是否方便快捷。社会层面：反馈教学资源设计与开发对社会文化传承与发展的促进作用，同时对学生综合素质发展带来的影响。

2.质量监控的侧重点

质量监控效果的呈现关键取决于质量监控过程架构是否合理，因为架构主要体现侧重点，是每一个监控环节的支点所在。为此，在学习支持服务质量监控体系构建中，必须明确质量监控的侧重点所在，主要包括以下三个方面。

（1）为学生学习提供的支持与服务方向是否正确

从学习支持服务的最终目的中不难看出，学习支持服务的根本在于支持和服务学生学习，为此提供的支持和服务的质量关键取决于方向是否准确，而有效将其加以把控自然成为该质量监控体系构建的侧重点所在，如教学资源所传递的信息是否具有引领和启发学生的作用等。

（2）把握学习资源支持服务的作用与价值

从学生学习自主性、高效性、深层次的影响因素出发，学习资源的应用显然要贯穿于学生学习全过程之中，而资源自身的支持和服务作用，以及所呈现出的价值是否明显直接关乎学习支持服务的最终效果。针对于此，将其进行精准把握显然也是质量监控体系构建的又一侧重点。

（3）学习过程学生对学习资源的依赖性

在前一观点中，明确指出了学习资源是贯穿于学生自主学习、高效学习、深度学习活动中的资源条件，学生会从中受到启发，找到适合自己的学习方法，从而实现知识与技能、能力与素养的全面提升。对此，明确学生对学习资源的依赖性显然该质量监控体系构建不可缺少的侧重点之一。

3.制定质量监控指标

质量监控工作的落实过程中，着力点应该体现在哪里必须高度清晰，这样质量监控工作的具体任务方可清晰明了，制定质量监控指标恰恰是解决这一问题的有效选择。在此期间，笔者认为评价指标中应该涵盖一级和二级评价指标，具体如表8-1所示。

表8-1 质量监控指标与构成

	一级评价指标	二级评价指标
学习支持	提供的教学资源与学习资源与辅导	是否能够提供丰富的学习资源、辅导学生学习资源的应用、是否为之进行答疑解惑
	互动的途径多样化	微信、QQ、电子邮件、论坛、视频会议系统的运用
	教学活动作业布置与反馈	作业布置的合理性、作业的批改的程度

通过表 8-1 的整理，不难发现学习支持服务质量监控评价指标中，教学资源、互动、课后作业反馈为质量监控评价的主要内容，因为学生自主学习必须要有强有力的学习资源作为支撑，同时还要有极为理想的教师引导和启发作为保证，所以无论是在教学活动进行中，还是教学活动完成后，都要有充足的学习支持与服务条件作为保证，这自然也是制定质量监控评价指标的重要依据。

（三）质量监控措施的实现

质量监控措施的落实关键在于实施质量监控的主体能够切实发挥出有效的作用。其中，就数字时代背景下的学习支持服务质量监控措施而言，既要包括学生层面，又要包括教师层面，还要包括管理员层面和社会层面，四个层面缺一不可。笔者接下来就针对学习支持服务质量监控措施的实现途径进行阐述。

1.发放、回收、分析学生调查问卷

学生调查问卷是有效开展远程教育学习支持服务质量监督工作的有效途径之一，其原因在于学生内心的想法往往是学习支持服务应用效果最为直观的体现，因而发放、回收、分析学生调查问卷能够确保质量监控工作更有针对性，力度更强。

在问卷内容上，要体现出学习资源对学生学习过程是否能够起到真正的引导和启发作用，同时在学习环境的改善方面，以及教育技术的应用方面是否为学习过程的顺利进行提供了有力的帮助，进而确保学习支持服务的投入力度能够实现全方位增大，并且避免不必要的环节与因素在人力、物力、技术层面的消耗，让学习直至服务的整体质量能够得到最为直观的展现。在问卷回收后要对问卷的有效性进行具体分析，随后要将问卷结果进行统计和分析，进而确保学习支持服务在学生层面的作用效果得到充分体现，为质量监控工作的开展提供重要依据。

2.制定教师访谈提纲并进行走访调查

学习支持服务中，资源在学生学习中发挥的支持与服务作用除了体现在物质和非物质层面，人力资源能否实现作用最大化也至关重要。为此，在教师层面进行学习支持服务方面的访谈工作，切实了解教师内心真是的看法和做法显然势在必行，合理制定教师访谈提纲，并开展相关的走访活动无疑是质量监控措施的重要组成部分。

在访谈内容上，要结合教学资源选择空间、获取途径的便捷性、使用过程中资源处理的便捷性与难易程度、在先进教育技术应用中的可操作性、是否有利于与学生之间建立互动、是否有助于开展交互活动等多方面制定访谈内容，由此确保教学资源建设层面的现实状况能够得到充分体现，并且为增加监督和控制教学资源建设的力度指明具体方向。在访谈过程中，要将教师所阐述的相关信息进行全程记录，并将其观点进行有效的整理与分析，深度挖掘出教师层面对于学习支持服务工作开展的看法，同时为开展质量监控工作提供有力依据。

3.制定和推广分析网络调查问卷并进行数据分析

社会满意度显然是远程教育学习支持服务质量的又一重要体现，所以在进行质量监督的过程中，必须做到在社会层面进行深入了解。

制定和推广分析网络调查问卷并进行数据分析则是必不可少的一环。在问卷内容上，要立足学习资源的可接受程度、学习资源的引导与启发、学习资源在自主学习意识和习惯形成中的促进作用、对高效学习和深度学习带来的辅助作用、学习环境产生的具体变化、交互过程起到的支持作用等多个方面，确保网络调查问卷能够从社会层面中反映出远程教育学子支持服务的总体效果，让质量监控工作的落实能够有明确的着力点和抓手。整合网络调查问卷相关结果，明确远程教育学习支持服务的社会满意度，并从中明确学习支持服务质量监督的侧重点，在教学资源建设、教师指导、师生与生生交互等多个层面加大监督力度。

二、质量评估

质量评估是促进活动运行过程走向可持续发展的重要保证，其中评估结果能够反映出质量发展现状的同时，能够突出质量发展中存在的劣势，进而生成具有可行性的指导建议。所以，一切活动的高质量发展通常都有完备的质量评估作为支撑，学习支持服务全面提高其质量更要重视质量评估工作，具体实施流程如下。

（一）评估原则与标准

质量监控的作用体现在"监督"和"控制"两个方面，是某项活动为了质量评估结果更加趋于理想化而采取的措施，是全面提高活动质量的动力条件。但是活动开展效果依然需要通过质量评估过程来呈现，由此为各项活动的实施提供有力而又客观的依据，是全面提高活动质量的保障条件。学习支持服务质量的全面提升固然如此，确定评估原则和评估标准无疑要放在第一位。

1.评估的原则

制定原则能够直接推动目标的明确，各项活动的开展也普遍将明确活动原则放在首位。针对学习支持服务质量评估而言，制定原则就意味着质量评估的目标已经确定，对质量评估的效果显然起到至关重要的作用，接下来笔者就将评估的原则进行简单概括，如表8-2所示。

表8-2 学习支持服务评估的原则

评估原则	原则概括
客观性原则	能够客观指出学习支持服务的现状
指导性原则	指导学习支持服务实施策略的改进
发展性原则	促进学习支持服务的可持续发展

通过表8-2对评估原则的简单说明不难看出，学习支持服务质量评估的原则最终目的是要保持学习支持服务可持续发展，而达到这一最终目标则需要有一系列的支撑条件，在客观性原则和指导性原则中就能够充分体现，具体说明如下。

（1）客观性原则

在进行远程教育学习支持服务质量评估过程中，评估结果显然要能够说明当前的具体现状所在，体现出学习支持服务落实中的优势与劣势，优势自然需要长时间保持，而劣势主要指的就是可提升空间，这样的评估结果更加具有客观性，同时也能说明评估过程更加具有全面性。因此，客观性应作为学习支持服务质量评估的首要原则。

（2）指导性原则

质量评估的目的在于确保质量的可持续提升，学习支持服务质量评估工作的开展自是如此，故而质量评估结果显然要具备指导实践过程不断优化的功能与作用。由于这一目的，在进行学习支持服务质量评估工作的过程中，必须将指导性作为一项基本原则。

（3）发展性原则

质量的可持续提升意味着该项活动能够保持可持续发展的姿态，学习支持服务评估工作的目的在于可持续提升学生学习支持与服务质量，因此力求学习支持服务始终保持可持续发展的姿态就成为该项评估工作恒久不变的追求。所以，发展性原则要作为评估工作有效开展的重要原则之一。

2.评估的标准

要以《远程教育服务规范》和《网络远程教育平台总体要求》为标准，针对教学资源建设和学习支持服务总体质量的具体要求进行深入解读。教学资源建设方面：立足教学资源满足学生学习活动的整体需要，以及满足教师指导学生学习活动的具体需要，针对教学资源建设所处于的水平进行评估。学生学习支持服务方面：立足学生学习资源应用的效果，以及教师能够为学生提供的指导与启发将学生学习支持服务的具体水平进行评估，力求质量评估结果能够从教学资源建设方面突显出学习支持服务的效果。

3.评估方法

评估方法的确立是质量评估工作有效实施的关键环节，取决于质量评估的原则与标准，同时又决定质量评估结果的准确性、客观性、发展性。因此，在数据时代背景下学习支持服务质量评估环节中，确定切实有效的评估方法必须放在重要位置，本小节就从定性评估和定量大回环评估方法的优势入手，建立起一套行之有效的评估方法。

（1）定性评估法

从该方法的使用情况来看，普遍应用于各类质量评估活动之中，虽然应用流程不同，但其本质却有极高的相似度。就数字时代背景下学习支持服务质量评估而言，显然也及未使用。

在此过程中，只需要注意到描述学习支持服务质量的方法要以模糊描述为主，有文字的形式进行概括。但不可否认的是，该质量评估的过程并不能做到将每一项评估指标进行高度的量化，所以评估结果并不能以数字直观的形式出现，所以分析质量分析的过程往往是定性分析而非定量分析。对此，在进行数字时代背景下学习支持服务质量评估过程中，该方法只能作为一种补充，还需要在定量分析方面进行深入的研究与探索。

（2）定量大回环评估方法

从当今时代远程教育发展的最终目标来看，全面提高教育质量，进一步强化人才培养质量，做到人才培养深度和广度的全面增加显然是远程教育在当今时代的重要使命。对此，可以将学习资源服务项目的留存率作为描绘学习支持服务的第一量标。

除此之外，要将学生对学习资源的占有率作为评估学习支持服务质量的第二量标，将学习资源的使用率作为第三量标，使用率越高则说明学习支持服务质量越高。最后，将学习资源的优秀率作为评估学习支持服务质量的第四量标，进而确保质量评估的结果能够反映出数字时代背景下，教学资源建设对学习支持服务的影响与作用，为全面提高学习支持服务效果提供更为有力的依据。

（二）评估指标体系的构建

质量评估工作实施过程之所以体现出极为系统的特征，根本原因在于既要针对评估原则与标准进行深入分析，并将其加以确立，又要针对质量评估的方法进行有效选取，更要针对质量评估指标体系加以构建，由此确保质量评估的过程有原则和标准可循。同时还有准确的方法将评估的内容进行数据统计与分析，确保质量评估的结果能够反映出现状和提出有建设性的意见和建议。在本章之前的小节中已经针对前两方面进行了阐述，本小节就立足质量评估指标体系的构建进行深入分析。

1.质量评估指标体系构建方向

质量评估指标体系的作用非常明显，就是为有效开展质量评估工作指明具体的方向，以及评估的主要范围。其中，准确选择质量评估的范围必须明确质量评估体系构建的主体方向所在，由此方可确保质量评估指标体系的完整性，评估指标能够反映出在质量发展中所带来的影响。

就数字时代背景下学习支持服务质量评估而言，评估指标体系的构建方向应主要围绕"学习资源支持服务"来进行，其中不仅要包括人力支持与服务、技术支持与服务、环境支持与服务，还要考虑到文字、视频、图片、音频、课件等常规学习资源的支持与服务，进而方可确保学生学习支持与服务的总体质量得到有效评估，反映出现状和未来优化与调整的具体细节。

2.一级评估指标涉猎范围

一级评估指标通常被称之为评估内容，是质量评估的具体方向所在。在数字时代背景下，学习支持服务质量评估工作的开展关乎远程教育的未来发展，所以围绕学生学习过程，对其支持与服务的支撑条件进行有效的评估，能够确保支持服务整体质量的全面提升，具体评估指标如表 8-3 所示。

表 8-3 一级评估指标一览表

指标名称	涉猎范围	指标作用
学习资源建设	资源的丰富性和作用的互补性	体现数字教学资源种类和内容能否实现实效性最大化
	资源选择与获取的准确性和规范性	体现教学资源应用价值能否达到最大化
教师指导与启发	指导的方法与途径	体现"软件资源"的作用性能否得到充分发挥
	启发学生的侧重点	体现能否帮助学生顺利理解、掌握、运用、内化所学知识和技能，并养成良好的学习思维
交流与互动渠道	社交媒体软件和平台的应用	体现新媒体教学资源的应用效果
	教育网站的应用	反映出教育资源来源途径的多样化

结合表 8-3 中一级质量评估指标的涉猎范围，可以看出学习资源方面排在第一位，来自教师的指导与启发则排在第二位，这也充分说明了教学资源本身在学习支持服务中的重要作用，也是影响数字时代学习支持服务质量的主要因素。

3.二级评估指标涉猎范围

二级质量评估指标是对一级质量评估指标的具体细化，也是具体影响学习支持服务质量的细小因素。正因如此，在数字时代背景下进行学习支持服务质量评估过程中，要结合以及质量评估指标将二级质量评估指标加以细化，从而让评估过程的具体落实更有侧重性，评估结果更具客观性，提出的建议更具指导性和发展性，二级质量评估指标的涉猎范围如表 8-4 所示。

表 8-4 二级评估指标一览表

指标名称	涉猎范围	指标作用
资源的丰富性和作用的互补性	学习资源类型的丰富性、学习资源元素的互补性、学习资源设计与开发的创新性等	有效评价教学资源在学生学习活动中的应用价值

续表

指标名称	涉猎范围	指标作用
资源选择与获取的准确性和规范性	资源选择范围的高度明确、资源获取路径的高度准确、资源加工与处理的高度规范等	有效评价教学资源来源途径的规范性
指导的方法与途径	师生互动、生生合作、学习项目探究	有效评价"软件资源"在学生学习活动中的作用发挥
启发学生的侧重点	用学习资源进行启发、用师生互动话题启发学生、用合作探究项目的细节启发学生	有效评价"软件资源"在学生学习过程中的思维启迪功能
社交媒体软件的应用	微信、QQ、电子邮件、论坛的应用	有效评价教学资源在学生学习活动中的平台作用
教育网站的应用	国家教育考试网、地方教学资源网	有效评价教学资源来源的可靠性和途径的拓展性

结合表 8-4 中所呈现的二级质量评估指标涉猎范围，可以看出在资源建设、技术层面、环境层面、指导方式层面进行了明确的指标提取，都会对学生学习过程的自主性、高效性、层次性产生积极的影响，为质量评估结果的高度客观、准确、全面提供了重要保证，质量评估结果更能为数据时代学习支持服务的发展提供可行性建议。

三、信息反馈和改进

信息反馈是了解质量监控与评估结果是否具备时效性的关键，同时也是结合质量监控与评估结果有效改进实施方案与过程的重要依据。因此，在学习支持服务评估工作的落实必须将信息反馈和改进作为最终环节，力保学习支持服务更加全面，更加贴合学生自主学习、高效学习、深度学习的实际需要。

（一）信息反馈工作的开展措施

信息反馈作为找寻可提升空间，明确实施方案和过程改进方向与措施的基本途径，因此在学习支持服务质量评估工作全面落实之后，必须充分落实信息反馈工作，以此保证提高远程教育学习支持服务质量的措施拥有正确侧重点，为有效改进实施方案"划好重点"。

1.学生反馈

以"线下"学生填写问卷量表、阐明参与远程教育活动时的真实感受方式为主，确保学生在学习过程中能够感受到的支持与服务充分表达出来，同时表明在学习过程中的具体需求，从中明确学生感知到的学习支持服务现状，以及当前自主学习、高效学习、深度学习的根本需求，并将其与质量评估结果进行对比，从而找到数字时代背景下，学习支持服务质量全面提升的主要实施策略，为及时有效的调整学习支持服务相关措施提供客观的保障条件。

2.教师反馈

以"线下"教师访谈的形式为主，就当前教师在远程教育活动中，能够为学生提供的学习支持服务情况进行全方位了解。其中，包括教学资源的选择、获取、处理，以及应用过程中能够为学生提供的"启发点"主要体现在哪些方面。与此同时，鼓励教师结合具体情况给出具体的建议，表明自己在开展远程教育过程中的心声，确保教师层面学习支持服务的实施过程更加清晰明了，最终依然要将其与质量评估结果进行对比，从而找到数字时代背景下，学习支持服务质量全面提升的理想实施策略。

3.社会反馈

以"线上"填写问卷量表的形式为主，阐明当前远程教育活动中学习支持服务的主要条件包括什么，哪些方面的条件尚且单一，甚至存在极为明显的缺失，并且反映出哪些条件是积极参与远程教育，并实现自主学习、高效学习、深度学习的必要条件。最后则要将其与质量评估结果进行对比，从而找到数字时代背景下，学习支持服务质量全面提升的主要实施策略，为数字时代背景下有效改进学习支持服务实施方案和过程提供又一有力保障。

（二）改进学习支持服务措施

在获得客观度极高的信息反馈之后，随即要结合质量评估结果进行对比，明确远程教学学生学习的切实需要与学习支持服务评估结果之间的统一性。随即以此为依据，有针对性地改进学习支持服务措施，确保远程教育学习支持服务的效果能够达到最佳，具体包括以下三个方面。

1.学习资源管理工作的改进

资源设计、开发、存储、传输、应用、加工与创新是教学资源管理工作的主体，每个环节运行是否合理和能否达到高效状态，都会影响到学习资源管理工作的整体水平，最终直接作用于学生学习支持服务的总体效果。

对此，在获得质量评估结果和师生信息反馈后，要针对教学资源设计的根本初衷、资源开发的根本立足点、资源应用的理想视角，将教学资源设计理念、资源开发的目标等多个方面进行有效改进，确保资源应用价值能够实现最大化，并且为学生学习提供切实有效的支持与服务，突显出学习资源管理工作以促进学生自主学习、高效学习、深度学习的中心，为提高远程教育学生学习支持服务质量增添"砝码"。

2. 师生与生生间交互渠道的改进

师生间与生生间的交互是学生有效进入自主学习状态，并实现利用学习资源开展高效学习和深度学习的重要渠道，也是教师为学生真正做到自主学习、高效学习、深度学习提供有效指导和启发，确保学习资源发挥引领学生学习的关键作用。

针对于此，在获得质量评估结果和学生信息反馈的基础上，结合学生和教师的实际需要将交互渠道进行有针对性的改进。其中，论坛的交互功能必须得到充分发挥，让教师与学生通过指定的远程教育论坛，针对课上学习的内容与过程，以及课后作业完成的过程进行深入探讨，进而使交互支持服务的作用性能够实现最大化。

3. 教师引导和启发方式的改进

教师的引导与启发显然是人员服务的集中体现，是学生有效结合学习资源找到关键信息，发现问题、提出问题、分析问题、解决问题的必要条件所在。因此，在获得学习支持服务质量评估结果后以及信息反馈之后，要针对教师引导和启发方式进行有针对性的改进。

这就要求远程教育中的师生互动必须高度具备"隔空性"的特点，设置的互动话题必须有利于学生学习资源的顺利使用，同时设置的生生合作探究项目必须能够促进学生从学习资源中受到启发，最终实现教师所提供的人员支持与服务真正对学生产生作用，让远程教育学习支持服务的实施效果能够得到有力保证。

第二节　学习支持服务环境研究

　　学生学习环境能否支持学生学习全过程显然会直接影响学生学习的兴趣，长此以往也必然会影响学生良好学习习惯的养成。对此，在数字时代背景下，依托现代教育技术为学生打造理想的学习环境，自然成为全面提升教学资源体系建设与发展的重要组成部分。针对于此，在本节的观点阐述中，笔者就立足学习支持服务环境进行系统性研究，具体研究观点如下。

一、环境设计

　　环境支持服务作为学习支持服务的重要组成部分，是远程教育学生实现积极主动学习的外在条件之一，更是引领学生走向高效学习和深度学习的重要保证。在数字时代背景下，如何有效的通过学习资源为学生建立起理想的学习环境，为其提供理想的环境支持服务显然应加以特别关注，而有效进行环境设计显然是第一侧重点。

（一）混合学习环境

　　混合学习环境的构建是确保学习支持服务作用效果达到最佳的理想选择之一，但是实现混合学习环境的科学构建却并非易事，需要进行系统的设计与规划，由此方可将该学习环境的构建效果充分展现出来。其中，明确设计理念和设计构思显然应该作为该学习支持服务环境设计的起始点。

　　1.混合学习环境的设计理念

　　"混合学习环境"设计的重点在"混合"两字之上，将"线上""线下""课堂实体场域"融为一体，为学生提供全过程、全方位学习的环境，从而确保人机交互、师生交互、生生交互的效果更为理想。

　　其间，学生只要通过笔记本电脑、台式电脑、智能手机、平板电脑、传统授课工具就能实现高质量的学习，增强学生学习的主动性和高效性的同时，增加学生学习的层次。具体而言，就是通过一系列的学习资源，让教师为学生学习过程提供有效的启发，帮助教学活动避免"硬件资源"相对单一的情况，从而提高学生学习的质量，进而形成集"线上""线下培训""课堂实体"教学优势于一体的全新学习环境，为学生主动形成高效率和深层次的学习过程提供理想的环境支持和服务。

2.混合学习环境的设计构思

进入数字时代，学习支持服务为远程教育发展提供了强有力的推动作用，具体表现就是学习资源更加丰富，不仅方便了教师的教学过程，还让学生的学习过程变得更加便捷。

对此，打造适合学生全过程和全方位学习环境就成为学习支持服务始终关注的对象。就当前时代发展大背景而言，混合学习环境的教师需求程度和学生需求程度显然处于不断提升的状态，设计理念在实际操作中切实可行显然是重要的前提条件所在。为此，必须要有明确的设计构思作为依托，其构思主要体现在以下两个方面。第一，要结合学科差异打造学习支持服务环境平台。众所周知，高校各学科之间研究领域不同，所以在学习环境的建设方面也存在不同的立足点，需要的学习资源自然也存在明显的差异。而这就意味着在设计混合学习环境的过程中，必须先考虑学科之间存在的具体差异，在进行学习资源的建设与应用方式，从而力保混合学习环境能够适应学科教学发展和学生学习需要。第二，结合人员服务现状做出具体的规划。人员服务主要是指教师，因为教师作为学习资源的重要组成部分，会伴随学生学习的全过程，由此形成师生间的交互过程，所提供的服务就是人员服务和交互服务。针对于此，根据人员服务的实际情况进行有效的服务规划必须作为设计构思必须思考的部分，以此确保混合学习环境的科学构建。

（二）慕课学习环境

慕课学习环境之所以能够作为学习支持服务环境的理想组成，最为根本的原因就是与数字时代发展大环境相适合，教学过程高度开放，学习资源高度共享，师生间与生生间的交互能够实现无限放大，进而营造出极为理想的学习氛围。因此，有效设计出慕课学习环境必然能够为学习支持服务质量的提升增加支撑力。

1.慕课学习环境的设计理念

慕课的英文为"MOOC"，由"大规模""开放""在线""课程"四个英文单词的首字母组成，本意就是要为学生提供高度开放、资源高度共享、大规模的线上教育环境，学习支持服务的作用与价值极为突出。对此，有效设计出慕课学习环境就成为当今时代远程教育强化学习支持服务质量的重点关注对象。

具体设计理念应体现在以下两个方面。第一，观看课程视频应该作为学习环境构建的主体。观看课程视频的过程是学生接受学习资源的过程，师生之间也会在该过程中形成互动。具体表现为课程内容中会伴有互动话题，学生能够根据视频中所传递的相关知识信息产生疑问并提出问题，随之会带着疑问和问题回顾视频中所传递的信息，进行深入的分析与思考，明确知识信息中存在的具体联系，与此同时自身的观点也会上传至学习平台之中，教师则会根据学习资源中呈现出的信息和学生所提出的观点给予相应的引导和启发，确保师生之间能够在学习平台中建立一个良好的互动氛围，以此服务学生最短时间内掌握知识重点。第二，项目化学习探究应作为学习环境氛围形成的根本。项目化学习是指根据学习的目标与内容，向学生设置具有探究性的学习项目，让学生自己设计项目研究的流程，并最终得出项目学习的成果。其间，学生之间可进行广泛的交流与互动，教师可根据学生所提出的质疑或疑问，适当为之提供相应的提示和启发，帮助学生更好地利用学习资源自主开展学习活动。这样学生之间能够形成互动氛围，教师提供的人员支持服务作用也会进一步得到体现，助力学生自主、高效、深度学习的开展。

2.慕课学习环境的设计构思

结合慕课学习环境的设计理念，不难发现该学习环境极度倡导学习过程的开放性与交互性，为学生提供环境支持服务。对此，在进行该学习环境设计过程中，必须做到构思巧妙，让学习资源的作用能够最大程度体现出来，

具体构思呈现在以下两个方面。第一，课程视频要不断注入新的元素。各学科课程向学生传递的不仅仅在于学科专业知识，以及必须具备的专项技能等专业性极强的信息，同时还包括社会文化层面的相关信息。为此，在设计慕课学习环境的过程中，课程视频的元素必须不断加以高度丰富，既要涉及传统文化方面，更要涉及社会文化方面，帮助学生建立一个文化气息极为浓郁的学习环境。第二，课上与课后学习任务要有明确的指导和巩固作用。远程教育线上学习活动的任务必须具有高度明确性，让学生和教师都能意识到要学什么、要教什么、学的过程、教的过程，这样教师为学生学习活动提供的指导才会更加具有针对性，支持服务作用才会更加明显。课后学习任务的布置同样要有明确的方向，让学生能够意识到课后应该注意哪些方面的强化，具体的强化过程具

有哪些趣味性，进而帮助学生养成自主学习的良好习惯，为深度学习和高效学习打下坚实基础。

（三）"双师"学习环境

所谓的"双师"学习环境，其实质就是"双师课堂""一课多堂"则是最为真实的写照，"教"与"学"之间的互动极具有效性，能够将教学资源本身所具有的环境支持服务作用最大程度发挥出来。具体而言，主要表现在三个方面。

1."双师"学习环境设计的理念

"双师"学习环境指的就是行业内部权威人士或专家和高校教师同处一个教学空间，通过"线上"和"线下"两种形式共同开展教学工作，为学生提供具有权威性的指导和实时性的引导，为学生建立极为理想的学习环境。在这里，"双师"学习环境显然是一切教学资源的承载，所以将其称之为环境资源，其他各种数字教学资源都会在这一平台中深度应用。因此，"双师"学习环境设所发挥的学习支持服务作用极大，必然会直接影响其他教学资源支持服务作用的充分发挥。

2."双师"学习环境的设计构思

毋庸置疑，"双师"学习环境的构建既是一个复杂的项目，又是一项系统的工程。其间，复杂性体现在教学资源的涉及范围较广，同时还要有极强的适用性，系统性体现在既要为学生搭建一个虚拟的学习空间，又要为学生建立一个现实的指导平台，技术层面的要求和应用难度较高。就构建虚拟的学习空间而言，必须要有直播平台和行业内部权威人士或专家作为基础。就构建现实的指导平台而言，必须要有极具引导、启发、指导能力的专业教师作为重要支撑条件，确保学生不仅在课堂中理解和掌握新知识，还能将其进行有效的内化和应用。综合以上两点的阐述，显然是数字时代背景下教学资源赋能学生学习支持服务的直观体现。

二、设计原则

学习环境设计效果能否展现出高度的理想化，前提条件在于设计原则是否具体，因为原则中能够体现出设计过程中的主要视角，进而确保学习环境构建的侧重点高度准确。本章就针对混合学习环境，以及慕课学习环境设计应遵循的原则进行概述。

（一）混合学习环境的设计原则

混合学习环境的设计与构建均为系统工程，其间要考虑到教师的引导与启发作用，同时还要考虑到学生与各种学习资源之间的交互行为，进而让环境支持服务能够保持质量上乘。对此，这也为设计原则的制定提出了较高的要求，具体应包括的设计原则具体归纳如图 8-2 所示。

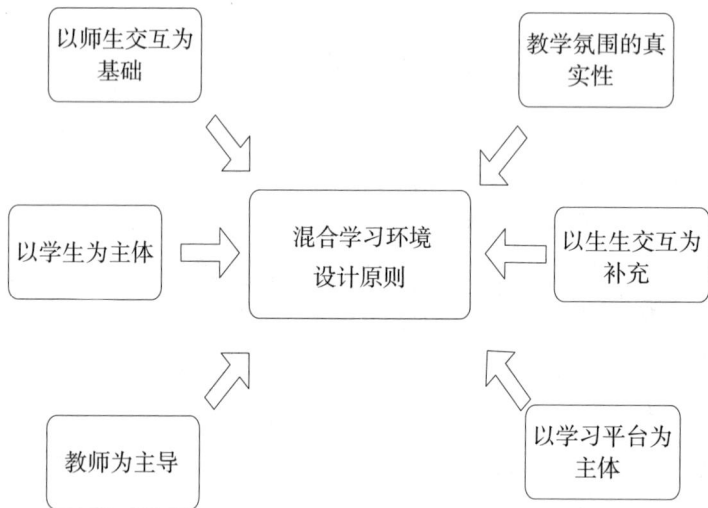

图 8-2　混合学习环境设计原则归纳图

1.平台主体性原则

由于在前文中明确指出了混合学习环境的实质所在，教师"教"和学生"学"的活动都要在学习平台内部进行，进而形成较为便捷的学习环境，所以在设计该学习环境的过程中，必须考虑到学习平台本身的主体性。具体而言，就是各项学习资源要做到布局合理，提供的学习支持服务要恰到好处，以此烘托出较为理想的学习氛围，最重形成适合远程教育活动开展的学习环境，而平台主体性显然要作为混合学习环境设计的首要原则。

2.教师主导性原则

在远程教育教学活动中，教师作为施教的主体，负责组织学生进行有效的学习活动，并且辅助学生在学习资源中发现问题、提出问题、分析问题、解决问题，并将经验进行整理。其间，教师发挥的支持服务作用主要体现在人员支持服务，在任何状况下教学活动的主导地位都不可被撼动。对此，教师主导性原则要成为混合学习环境设计必须遵循的原则之一。

3.学生主体性原则

在远程教育活动中，一切学习支持服务都围绕学生来进行，为学生学习过程和收获理想的学习成果提供支持和服务。对此，混合学习环境的构建过程中，也要将重点放在为学生学习活动的顺利进行提供环境层面的支持与服务，一切从学生的视角出发，分析学生学习过程中的具体需要，充分体现出学生在混合学习环境中的主体性，力求学习支持服务环境的作用效果达到最佳。

（二）慕课学习环境的设计原则

"慕课"在高校教育教学活动中应用较为普遍，同时在远程教育发展中也得到了广大学习者的高度认可，但在打造出适合慕课的学习支持服务环境方面，仍有较大的提升空间。在此之中基本的设计原则必须高度明确，由此才能确保慕课学习环境的设计与构建的最终效果趋于理想化。

1.快乐学习原则

在实现自主学习、高效学习、深度学习的前提条件中，最为根本的则是让学生学习过程中感受到快乐所在，由此方可为学生长时间保持良好的学习状态提供动力。但是，在现实中真正得到体现需要做到多方协同，而这也注定慕课学习环境设计工作是一项极为系统的工程，快乐学习自然要作为该学习环境设计最基本的原则所在。

2.资源多元化原则

学习资源的高度丰富是慕课的明显特征，不仅体现在资源类型多样和资源要素涵盖范围较广两个方面，还体现在资源应用的作用与价值各有不同。针对于此，如何确保慕课学习环境充分发挥出资源本身的优势，就成为慕课学习环境设计的重点所在，而始终保证"资源多元化"无疑成为慕课学习环境设计必须坚持的一项原则。

3.学习者为中心原则

以学生为中心，满足学生在学习过程中的各种需要，无疑是教学活动走向成功的必然条件。远程教育活动中，满足学习者在学习过程中的一切需求，自然能够营造出极为理想的学习环境，学习者"学"的过程积极性、主动性、高效性能够得到保证，学习的深度也会在无形中得到增加。因此，"学习者为中心"应成为慕课学习环境设计的重要原则。

（三）"双师"学习环境构建原则

在前文中，笔者已经明确"双师"学习环境是数字教学资源赋能学习支持服务的一种重要表现，是保障学习对象积极、主动、深度、高效学习的重要条件，但全面打造出理想的"双师"学习环境却并非易事，必须要有明确的构建原则作为支撑，接下来笔者就以此为立足点，将具体的构建原则加以明确。

1.名师引领原则

在古代，之所以只有"拜名师"才能最终成为"高徒"，在行业内部成为佼佼者，原因非常简单，就是名师不仅拥有极为丰富的从业经验，更是行业发展的引领者，所以"名师出高徒"自然顺理成章。教育教学活动的高质量开展显然要有极为深厚的"软件资源"和"硬件资源"作为支撑，但前者的作用自是具有决定性，"双师"学习环境的构建更是如此，坚定不移地主张名师引领固然也是"双师"学习环境构建的基本原则，也是数字时代背景下教学资源赋能学习支持服务的有力保证。

2.骨干构成原则

骨干教师始终是教育教学工作开展的中坚力量，始终发挥着带头人的作用，在教育发展道路中也始终将攻坚克难视为重要使命。对此，学校或学科发展道路中，监事队伍建设始终以骨干教师力量的不断增强放在重要位置，其目的就是要让学校能够有更多的学科带头人，推动各学科教育教学工作的全面开展，而这无疑是教学资源建设的"重头戏"。针对于此，在数字经济时代背景下的教学资源建设中，"双师"学习环境的构建就是要将教学资源赋能学习支持服务的作用达到最大化，让更多的数字化教学资源能够应用至学生学习活动之中，从中有效引导学生学习。所以骨干教师的全面发展自然要作为至关重要的教学资源之一，因此"骨干构成"也是该学习环境构建所必须坚持的一项基本原则。

3.平行化教学原则

平行化教学作为当前教育教学活动普遍应用的教学形式，即教育个人和教育集体可以同时作为教育目的的教学形式。在此期间，既要关注个体的发展，又要关注集体的学习情况，进而确保教育对象学习水平的全面提高。为此，现代教育教学活动开展过程中，依然要将平行化教学作为主要的基本形式，既要强调学生个体的发展，又要强调学生整体学习水平的不断提升。数字教学资源在学生个体和学生整体中的适用性才能得到强有力的保证，学习支持服务作用也会在学生个体和整体中呈现出强大的赋能作用，所以平行化教学也是"双师"学习环境构建的一项基本原则。

三、环境构建

学习环境构建作为将设计理念、设计构思、设计原则体现于现实应用必不可少的环节，如何确保构建出的学习环境能够满足学生学习需要，为学生学习提供理想的支持服务就成为深入探究的主要着眼点之一。接下来笔者就围绕混合学习环境和慕课学习环境，将具体构建措施予以详细说明。

（一）混合学习环境的构建

在明确混合学习环境设计的理念、构思、原则的基础上构建，还要在实践行动中将其充分展现出来，具体操作应该保持各个环节的无缝衔接，确保学习支持服务的作用和质量充分显现，主要操作如下。

1.了解线上教育、线下培训、实体课堂环境优势与特点

混合学习是一种教学模式，是数字时代教育领域的必然产物，因其集"线上教育""线下培训""实体课堂"于一体，所以该教学模式本身具有的优势和特点极为明显，为该学习环境的构建提供了极为有利的前提条件。

所以上述三种学习环境的优势与特点就成为构建混合学习环境的第一环。线上教育作为最便捷的教学活动形式，不受时间和地点的束缚，学生只需要借助智能终端设备和无线网络就能开展学习活动，教学内容和教学方式可以根据学生学习的实际需要及时做出调整和改变。线下培训的形式与实体课堂有着明显的区别，其内容更加具有拓展性和针对性，主要根据学生学习过程中存在的现状与问题，集中指出问题的关键，并且以此为依托进行巩固与强化，力求学生知识与技能的延展。实体课堂作为最传统的授课方式，强调师生和生生之间的面对面交流，面对面集中演示教学资源，能够为学生提供学习的真实感。存在的可提升空间则是授课时间和地点较为固定，学生学习的便捷性难以得到保证。

2.深挖教学资源的多样性及应用思路

学习资源涉猎范围较广，学习资源支持服务的作用与价值体现因此也具有

明显的多样性。对此，如何将其进行有效的挖掘，并且为学生有效将其加以应用带来启发就成为该学习环境构建至关重要的一环。

其中，应在以下两个方面加以高度重视。第一，图片、文字、视频、音频、动画资源类型的多样性。按照资源类型的固有特点、学生新知识与新技能形成的固有规律、学习过程中的行为习惯，将多种资源类型进行有效融合，体现出学习资源本身的创新性和应用价值。第二，人员支持服务和技术支持服务的及时性。教师和教学资源库本身要为学生学习全过程提供强有力的支撑，确保学生在学习活动中能够及时获得有效启发，并且能够查询到与学习活动联系紧密的学习资源，实现有效加以应用。这显然是混合学习环境在远程教育活动实施过程的中间环节，也是该学习环境体现应用价值不可或缺的支撑要素。

3. 形成交互性较强的大规模学习环境

混合学习环境的构建过程中，人员支持服务、技术支持服务、学习资源支持服务的最终目的都是让学生之间，以及学生与教师之间形成隔空互动，让学生能够在交互的过程中，体会到学习的真实感，激发并长时间保持浓烈的学习兴趣，营造出理想的学习氛围，建立理想的学习环境。

其间，需要特别注意的是师生间的互动话题必须具有高度的思考价值，并且要与学生的社会生活保持紧密的联系，同时还要涉及课程内容与专业发展之间存在的关系，以及专业未来发展的大方向，帮助学生深刻意识到课程内容的价值和知识点本身所具有的社会效用，确保学生在教师的带动下更愿意主动进行深入探索。生生间的合作探究学习项目上，必须围绕时代发展为本课程提出的新要求，向学生设置具有合作探究意义的具体学习项目。另外，在合作学习项目中预留出引导和启发学生的"入口"，切实做到在学生合作探究的过程中，既能够与其他学生形成交流与互动，同时还能形成与教师之间的密切交流和互动。

（二）慕课学习环境的构建

在明确慕课学习环境设计的理念、构思、原则的基础上，随之要在实践行动中将其充分展现出来，具体操作流程必须做到环环相扣，确保学习支持服务的作用和质量充分显现，主要包括以下三个部分。

1. 结合现有视频资源深挖其作用与意义

"视频"作为慕课学习环境构建的主体因素，视频本身向学习者传递的信息直接关乎学习者学习欲望能否达到最大，也直接影响到构建的学习环境是否理想。在这里，必须将现有视频资源的作用与意义进行深入挖掘，明确视频是否能够为学习者带来足够的引领与启发作用，学习者能否真正做到自己有效运用学习资源。在此过程中，教师应做到两点：第一，视频中的元素涉猎范围是否与时代发展大潮流相统一。学习者往往更加关注时代热点话题，愿意将自己内心的想法和观点表达出来，并且与其他学习者和教师之间交流自己的想法与建议，进而形成师生和生生之间的互动。为此，这显然可以做到慕课学习环境构建的基本侧重点，将视频中包含的元素进行合理调整与优化，力求视频内容的主体思想与时代发展大潮流相统一，调动学习者资源应用的主动性。第二，视频中设置的问题是否能够与学习者产生共鸣。学习者在观看视频过程中，能否使学习兴趣长时间保持，关键在于视频中设置的问题能否得到学习者的高度注意，并引发其深度思考，学习的主动性、高效性、深度也会从中得到展现。对此，确保问题与学习者之间保持共鸣就成为慕课学习环境构建的关键点，也是慕课学习环境趋于理想化的有力前提。

2. 立足人员服务适时性提供引导与启发

慕课学习环境强调学习过程的高度开放和海量学习资源的有效应用，能够让学习者沉浸在探究与研究的学习环境中，感受到学习过程所带来的快乐。

对此，高度开放的学习过程和海量学习资源的有效应用需要由教师精心组织，并且提供有效地引导和启发，帮助学习者尽快突破学习活动难以跨域的障碍，促进学生能够在最短的时间获得令自己满意的学习成果。基于此，人员服务不仅要贯穿其中，还要保证服务的实施过程高度适当，让学习者既能有充足的思考、分析、讨论时间，同时还能及时得到来自教师的启发，感受到学习资源正确的应用方法与路径，从而充分体现出慕课学习环境的深度交互功能，不仅营造出极为理想的合作探究学习氛围，还打造出令学习者高度满意的学习环境，实现学习支持服务的作用效果最大程度体现。

3. 强调线下作业的合作性与提交评价的便捷性

线下作业布置和提交与评价作为慕课学习环境构建的最后一环，也是确保学习者养成自主学习习惯的重要保证，并且学习者学习的深度也会有明显增加，让学习活动始终保持高效性拥有更为有力的前提条件。

在布置课下作业过程中，要考虑到作业内容必须具有合作性，同时要向学习者推送极具思考与探究价值的学习材料，确保学习者能够积极主动地去完成作业，并将完成后的作业上传至平台之中，以供教师进行有效评价的同时，为其他学习者提供更多学习经验积累的机会。特别学要注意的是，在作业评价的过程中，要结合学生学习资源的参考、借鉴、所受启发、思考与分析的侧重点等多个方面进行评价，确保学习者能够了解到自己在应用学习资源时哪些想法和角度高度正确，哪些应用存在需要进一步完善，如何加以有效改进，力保学习者在完成作业的过程和作业评价的结果中，都能有最大限度的收获，帮助其养成良好的自主学习习惯，同时增加学习的高效性和深度，凸显出慕课学习环境的实用价值。

（三）"双师"学习环境的构建

随着时代的发展，"线上教育平台"已经成为全面推进我国教育事业飞速发展的中坚力量，其原因非常明显，就是平台本身为学习者提供了方便、快捷、理想的学习环境，让一切教学资源的学习支持服务作用最大程度发挥出来，确保学习者能够在方便而又快捷的前提下进入理想学习环境之中，让主动学习、深度学习、高效学习成为可能。对此，在数字时代背景下的教学资源建设中，"双师"学习环境的构建就成为理想之选，更是赋能学习支持服务的明智之举。

1.打造名师直播平台

名师直播平台作为优势教学资源，资源优势本身不仅体现在"教师"层面，还体现在技术层面。在当代社会，"名师"顾名思义是指名望较高的教师或培训师，而他们的成就则来自对教育事业做出过突出贡献，以及获得过极为显著研究成果的教师，能够根据人的成长规律和教育规律有效开展教学活动。在"双师"学习环境构建中，"名师"无疑也是最为关键的"软件"资源。"直播平台"是指由直播客户端、直播网页端、管理后台构成的信息传播平台，在"双师"学习环境中，无疑是重要的技术支撑。其间，依托信息技术建立直播客户端、直播网页端、管理后台无疑是至关重要的操作。

2.构建骨干教师课堂指导平台

骨干教师课堂指导平台作为又一重要的教学资源，是教师队伍建设与发展的重点关注对象，不仅具有极强的教学实践能力，还具备一定的教学科研能力，具备理论知识讲授和指导学生实践活动双重素质。因此，在"双师"学习环境构建中，将骨干教师作为学生云端学习的助教，帮助学生更好吸收"名师"所讲解的内容，进而实现学生学习过程既能与"名师"互动，又能与助教互动，充分体现环境资源支持服务，让数字时代背景下教学资源对学习支持服务的赋能作用更加显现。

第三节　本章小结

从任何一项组织行为和组织活动顺利开展的必要条件来看，不仅需要有极为充足的前提条件和动力条件作为重要支撑，还要有极为完善的保障条件提供重要支持，以此方可确保组织行为和组织活动顺利开展，并最终达到预期的目标，在数字时代背景下的教学资源建设赋能学习支持服务中也是如此。笔者在本章就已经将这一观点进行了明确阐述，接下来就通过最简练的语言将本章内容和阐述的观点进行归纳与整理。

一、本章所阐述的主要内容

在本章两节内容中，笔者已经明确指出学习支持服务评估的主要内容包括质量监控、质量评估、信息反馈和改进三个部分。其中，在质量监控环节对其作用、意义、模式进行了明确的阐述，并且将质量评估的原则、标准、方法、指标体系进行了系统构建，并最终针对有效结合信息反馈进行教学资源体系构建方向加以有效改进的实操路径进行了明确阐述，由此力保学习支持服务作用实现最大化。

除此之外，还要立足于学习之处服务环境的不断优化，让教学资源在教学活动中的应用价值最大程度发挥，确保学生在学习活动中可以主动借助教师所提供的学习资源开展高质量的探究学习，以及合作学习活动，让教学资源在学生学习全过程中的支持与服务作用得到直观呈现。

二、本章所阐述的研究观点

结合笔者在本章所阐述的内容，不难发现在数字时代背景之下教学资源体系建设过程中，确保赋能学习支持服务效果的最大化必须要有强有力的评估体系作为保证，与此同时还要将服务环境不断进行强有力的改善，进而形成数字时代教学资源赋能学习支持服务形成闭环。在此过程中，无论是在质量监控、质量评估、信息反馈和改进，还是环境设计方案、设计原则、环境构建方面，都要有明确的实施路径作为重要支撑，由此方可为上述"闭环"的形成提供强大的保障力。针对于此，在下一章节的关键阐述过程中，笔者就会通过实际案例将前文中所阐述的观点加以证实。

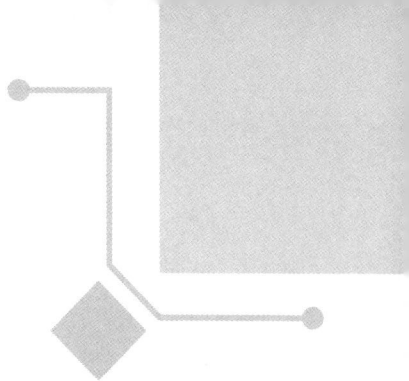

第九章　学生学习支持服务创新案例研究

在数字时代背景下，教学资源体系建设与发展能否为学生学习活动全过程提供强有力的支持与服务，促进学生自主学习习惯的全面养成，最终还是要在实践层面加以证实，由此方可确保本书所阐述的一系列观点充分体现出实用价值。针对于此，笔者在本章内容中就结合实际案例将前文中所阐述的观点进行实用价值论证。

第一节　学生学习支持服务创新案例研究

实践创新显然是理论创新最直观的展现，更能充分说明理论创新的价值所在。在本书中，已经针对数字时代背景下，教学资源建设方面的具体要求，以及实践方案与流程作出了详细阐述，同时也针对学生学习支持服务的具体条件、保障其质量的措施进行了系统说明。而究竟在实践活动中如何才能得到充分体现，就成为每一位学者所关注的话题，本章就将其实践创新的操作流程加以阐述。

一、教学资源应用过程创新的实现

教学资源应用过程是学生学习支持服务全面体现的根本保障，所以在学生学习服务实践创新案例研究过程中，应将教学资源应用过程创新的实现作为起始点，本节就立足各个环节的实践流程作出明确阐述，并通过相应的流程图进行更为直观的说明。

（一）教学资源选择与获取的流程

从学习支持服务的具体工程条件分析，教学资源的应用无疑是主体所在，教学资源的应用过程往往及学习资源支持服务、人员支持服务、交互支持服务、环境支持服务、管理支持服务等要素于一体。所以在生支持服务创新案例实践创新中，将教学资源应用过程作为主体，并且将教学资源选择与获取的流程置于第一位。

教学资源的选择与获取作为教学资源应用全过程的首要环节，也是为学生学习活动提供有力支持服务的重要前提条件。其间，就资源选择的流程而言，先要了解教学活动中学生学习的具体需要，随后再根据教学活动内容的特点，确立教学资源选择的方向，并进入到教学资源库有针对性地将其进行选择。就资源获取的流程而言，在确定选择的资源类型基础上，要通过规范的操作将其进行下载或进行节选，确保已选定的教学资源能够全部进入到教学活动中，为引领和启发学生自主学习、高效学习、深度学习提供理想前提条件。

（二）教学资源传输与存储的流程

教学资源有效传输和存储是教学资源保证高质量的关键，也是确保学生学习支持服务质量达到最大化的根本条件之一。所以，在实现学生学习支持服务实践创新的道路中，教学资源管理过程的创新必须将这一方面视为不可缺少的流程，该流程具体运行过程如下。

在做好教学资源选择与获取工作后，随之而来的就是要通过正确的方法，以及规范的操作流程，将教学资源进行有效传输。其中，要求教师要明确资源的存储路径，避免资源类型与存储空间的要求相矛盾，消除资源获取后不能进行有效处理和展示在学生面前的可能性。随后还要根据教学资源中元素的适用性进行分析，将不适用的元素进行删除，进而对文本、图片、视频、音频、动画信息加以剪辑，形成有效的处理过程，最终再设置到教学实施方案的各个阶段之中，确保有效引导和启发学生学习的全过程，为高质量的学生学习支持服务提供有力保障。

（三）教学资源应用与效果评价的流程

教学资源应用效果是否理想是评价教学资源应用价值的关键因素，而在实践操作中则需要针对应用过程进行合理设置，进而方可评价教学资源应用的效果，判断出教学资源对学生学习支持服务所发挥的作用，具体实践操作流程如

图 9-1 所示。

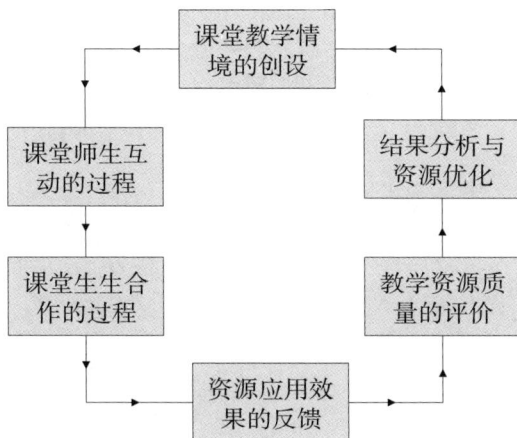

图 9-1　教学资源应用与效果评价流程图

如图 9-1 所示，在教学资源应用过程以及应用效果评价的流程中，要将课堂情境创设放在首要环节，进而通过教学资源无形中激发出学生课堂学习的兴趣，带领学生进入到自主学习的状态。随后则要立足师生互动环节和生生合作探究环节，将教学资源的引导和启发作用得到充分体现，确保学生自主学习状态能够得到长时间保持的同时，实现学生高效率和深层次的学习。然后，鼓励学生说出课堂教学中教学资源对自身学习产生的引领和启发作用，并以此为契机进行教学资源质量评价，并针对质量评价记过进行有效的分析，最终实现教学资源的有效优化，为课堂教学情境的创设、师生互动的过程、生生合作探究流程的顺利进行提供更为有力的保证。

二、教学资源应用方式创新的实现

教学资源应用方式直接关乎学生学习支持服务是否全面，进而影响学生学习的效果。因此，笔者在本节中就针对教学资源应用方式的实践创新作出明确阐述，让教学资源应用方式创新能够转化为现实，具体操作过程与流程图在下文中会得到充分体现。

（一）学习情境创设的流程

学习情境的创设是激发学生学习兴趣，带领学生快速进入自主学习状态的理想途径所在，故而在学生支持服务实践创新方案的研究中，将学习情境创设作为教学资源创新应用的首要环节，具体实践流程如图 9-2 所示。

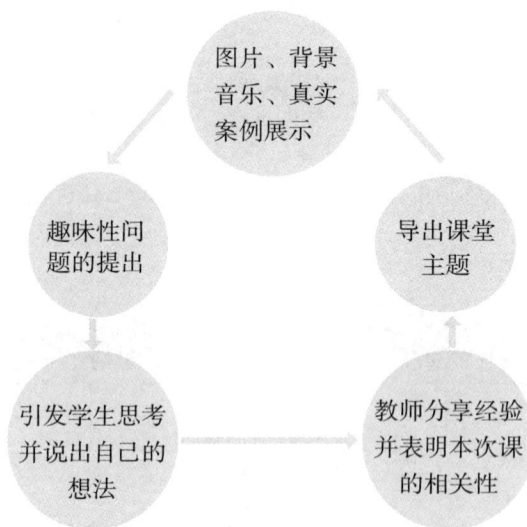

图 9-2　教学资源在教学情境创设中的创新应用流程图

纵观图 9-2，在教学活动正式开始之前，教师先要向学生传递与学习活动相关的信息，即可以通过视觉直观的形式，又可以通过听觉直观的形式来进行，确保学生能够对所传递的信息感兴趣，进而引发高度的关注。随后，结合所展示的教学素材和趣味性问题，引导学生进入主动思考的状态，在初步实现学习资源支持服务的同时，为学生初步提供师生间和生生间的交互支持服务。在这一过程里，学生会根据所传递的相关信息引发相对应的思考，并提出自己的看法与建议，进而更愿意将自己的观点与他人分享。教师则以此为契机，向学生表明此次学习活动与上述信息和问题之间存在紧密的联系——明显的正相关关系，从而道出课程的主题。这一过程显然为学生建立起良好的学习情境，同时激发出学生的学习兴趣，带领学生主动进入到新课部分学习活动之中，为学生自主学习初步提供了良好的学习资源支持服务和交互支持服务。

（二）师生互动的流程

师生活动环节是教师有效引导学生科学利用学习资源，为学生提供交互支持服务的主要环节之一，是学生长时间保持自主学习状态，并能实现高效学习的有利条件所在。所以在学生支持服务实践创新中，将师生互动的实践流程作出系统性介绍，实践流程图如图 9-3 所示。

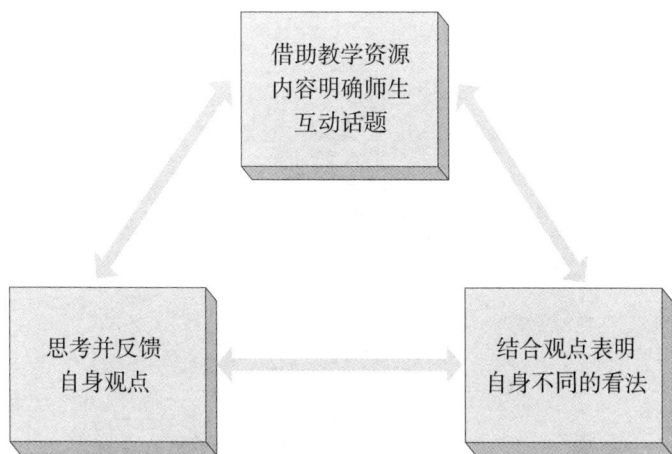

图 9-3　教学资源在师生互动环节中的创新应用流程图

结合图 9-3 进行分析，在正课活动"拉开序幕"的同时，教师要结合课堂情境导入环节提出的问题，以及给出的相关学习材料，向学生提出一个具有互动性的话题，并且还要将相关的图片、视频、音频、文本、动画信息传递给学生，让学生围绕这些信息进行主动思考，说出自己的看法和原因。之后结合互动话题中涉及的学习材料，教师要将自己在学习和思考问题中的经验与之分享，让学生能够意识到思考问题的方法究竟是什么，为什么要采用该方法思考这些问题，从而将课堂学习的主要知识点传递给学生，让学生与自己互动中以最快的速度掌握知识重点，并初步了解学习的基本技能，实现为学生提供深层次交互服务。这一过程学生的学习效率显然会有明显的提高，学习的积极性也能够得到长时间保持，最终与其共同打造出较为理想的学习环境。

（三）生生合作的流程

生生合作环节作为学生学习增加交互支持服务的有力抓手所在，更是全面深化学生学习自主性和高效性，最终达到深度学习状态和营造理想学习环境的重要推手。因此，在学生支持服务实践创新中，将生生合作环节的实践流程作出系统性阐述，具体实践流程如图 9-4 所示。

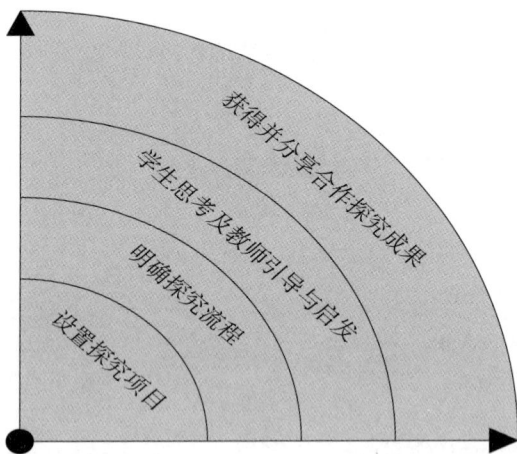

图 9-4　教学资源在生生合作环节中的创新应用流程图

通过图 9-4 可以看出，随着教学活动的不断深入，教师要根据课堂核心内容向学生设置合作探究学习项目，并将探究过程中有引领和启发作用的学习资源逐一呈现在学生面前，以供学生去思考、去交流、去探究。并且让学生自行建立学习流程、自行开展学习资源的分析、自行组织探讨、自行结合所提出的观点进行验证，自行总结和归纳学习成果[①]。教师则实时了解学生合作探究的基本动态，有针对性地利用学习素材进行深层次引导和启发，帮助学生能够以最快的速度攻克学习时的难点，从而实现生生间深层交互支持服务。还要为学生打造合作探究项目成果展示空间，鼓励学生说出合作探究的流程和进行成果介绍，另外大力倡导其他学习小组说出不同的观点和原因，并将其进行整合为之提供整体性的指导。这一过程显然增加了学生学习的深度，教师与学生共同打造出极为理想的学习环境。

三、教学资源管理路径创新的实现

由于教学资源管理工作的开展效果直接关乎教学资源在学生学习活动中能否发挥出应有的作用，进而也是对学生学习支持服务质量的有力说明。对此，研究学生学习支持服务创新实践案例就必须将教学资源管理路径的创新放在重要位置，本节则将各个环节的实践流程作出系统性阐述。

---

① 刘志慧 . 联通主义视域下 MOOC 学习支持服务优化模型的研究及应用 [D].吉林：北华大学 .2020.

（一）教学资源设计与开发的流程

教学资源设计与开发作为教学资源管理的首要工作，是确保教学资源丰富性、适用性、实用性的关键条件，因而具有左右学生学习支持服务质量的作用。针对于此，在实现教学资源管理路径创新的道路中，针对教学资源设计与开发的流程进行了深入研究，具体实践流程图如图9-5所示。

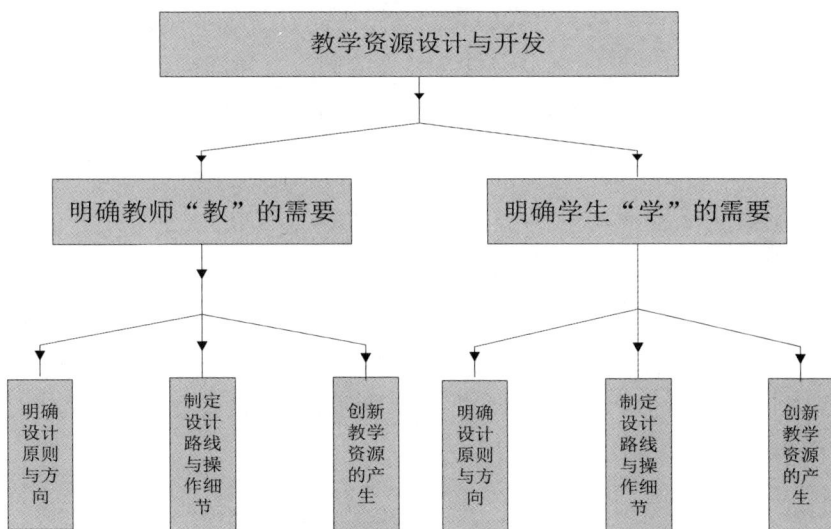

```
                    ┌─────────────────────┐
                    │   教学资源设计与开发    │
                    └─────────────────────┘
              ┌───────────────┴───────────────┐
    ┌──────────────────┐              ┌──────────────────┐
    │  明确教师"教"的需要  │              │  明确学生"学"的需要  │
    └──────────────────┘              └──────────────────┘
      ┌─────┬─────┬─────┐              ┌─────┬─────┬─────┐
   ┌────┐┌────┐┌────┐          ┌────┐┌────┐┌────┐
   │明确││制定││创新│          │明确││制定││创新│
   │设计││设计││教学│          │设计││设计││教学│
   │原则││路线││资源│          │原则││路线││资源│
   │与方││与操││的产│          │与方││与操││的产│
   │向  ││作细││生  │          │向  ││作细││生  │
   │    ││节  ││    │          │    ││节  ││    │
   └────┘└────┘└────┘          └────┘└────┘└────┘
```

图9-5 教学资源设计与开发流程图

图9-5中已经明确指出，在教学资源管理过程中，设计与开发的全过程是重要围绕教师"教"的需要，以及学生"学"的需要来开展，因为教师作为施教主体，学生作为学习的主体，要确保教学资源有利于教师顺利导入课堂学习的主题，还有利于学生根据学习资源从中获得更多的启发。在此之后，以此为基本原则，结合"教"与"学"活动的基本特点，确立教学资源设计的主要方向，将更多的元素合理地进行融合，以求能够为教师和学生在"教"与"学"的过程中带来更多的帮助作用，极大程度上发挥出引导学生和启发学生的作用。最后要根据元素融合所需的必要条件，确立起教学资源设计与开发的行动路线，并加以落实，最终获得具有创新性和实用性的教学资源，为教学活动顺利开展提供丰富的学习资源支持服务。

（二）教学资源存储与传输的流程

存储与传输过程是教学资源管理流程中不可缺少的一部分，如果操作不当就会导致资源本身的效用降低，甚至消失，资源的功能和价值也会随之大幅降低。因此，在探索学生学习支持服务实践创新中，教学资源管理路径创新的全面实现必须要做到教学资源存储与传输流程完整，具体操作如下：

在存储路径方面，要做到结合资源的类型、作用、功能、属性、价值五个方面，确立在教学资源库中的存储位置，不仅能够有助于教师和学生以最快的速度找到教学资源，更有利于教师和学生更加清晰地了解到教学资源是否适用于教学活动之中，让其拥有更大的资源选择范围。在资源传输的过程中，实现资源高质量的传输，确保文本信息不丢失的同时，还能确保图片、视频、动画、音频的高度清晰，为教师有效进行教学资源处理，以及更加清晰地呈现在学生面前提供强有力的保证。

（三）教学资源深度加工实现创新与清理的流程

教学资源的深度加工是实现教学资源创新的必要环节，而清理不具备创新空间，并且利用力较低的教学资源，显然能够确保教学管理系统资源存储空间的进一步扩大。因此，教学资源管理路径的实践创新中，必须将该环节加以高度重视，以此为学生学习支持服务的质量全面提升提供有力保证，具体时间流程如图 9-6 所示。

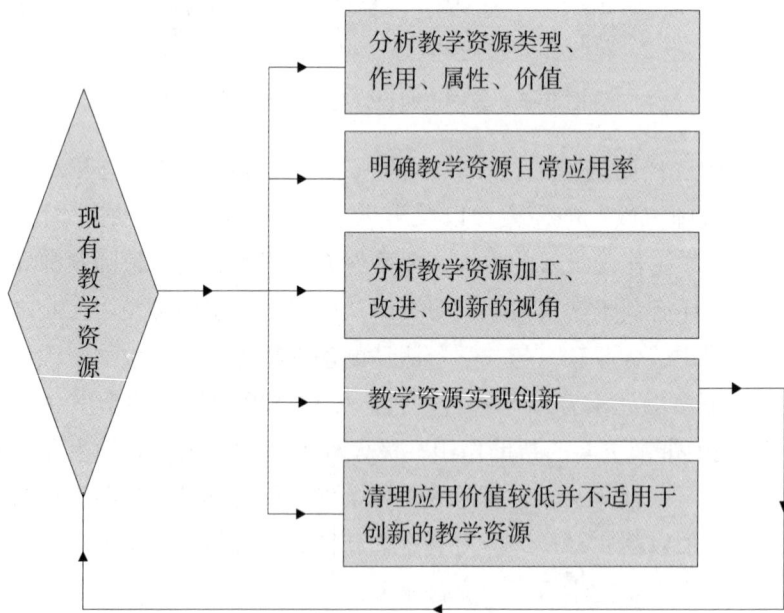

图 9-6　教学资源深度加工实现创新与清理的流程图

从图 9-6 中可以看出，在教学资源应用流程顺利结束之后，要针对教学资源类型、作用、属性、价值进行深入分析，明确在教师"教"和学生"学"的过程中效果是否明显，进而判断出教学资源今后的使用率。针对使用率已经达标的教学资源而言，探究其资源加工、改进、创新的视角，明确将怎样的元素添加后可以增加教学资源的使用率，进而让教学资源实现有效创新，并成为新的现有教学资源，进入到资源管理系统之中。另外，针对应用价值较低并且不具备创新视角的教学资源而言，要放弃对其进行加工与处理，直接进入到资源清理环节，以最快的速度将其清除至教学资源管理系统之外，为不断补充新的教学资源提供存储空间。这一过程显然能够长时间保持教学资源的实用性与适用性，让教学资源的利用率得到不断的提升，确保教学资源对学生学习支持服务的作用最大化。

第二节　数字时代教学资源建设对学生学习支持的理论贡献

理论研究无疑是实践活动顺利开展，并最终获得理想实现成果的重要前提，在数字时代背景下，教学资源体系的建设与发展必然要以相关理论作为重要依托，在实践中不断探索出优化理论体系的关键要素，从而实现为学生开展高质量学习活动提供强有力的保障，而这显然是数字时代教学资源建设对学生学习支持的理论贡献所在。

一、通过客观证据找到教育资源管理相关理论中的可优化之处

教育资源涉猎范围较广，泛指教育过程所占用、使用和消耗的人力、物力和财力资源，作用性更是不言而喻。其中，包括"教"与"学"两个层面，因此有效进行教学资源管理工作就成为全面提高教学质量的关键所在，一系列教育理论应运而生。但不可否认的是，随着时代的发展，固有的教学资源管理理论势必要不断进行优化，本研书的创作无疑能够为这一方面做出相应的贡献。

（一）发达国家不断补充和完善有关数字化教育发展的法律法规

以美国为例，1998 年美国《高等教育法》（修订版）中提到，要加大对数字化教学软件和其他资源的投入；美国联邦教育部在 2000 年 12 月提出了《数字化学习：让所有孩子随时随地都能得到世界一流的教育》的发展计划，该计划阐述了在美国未来数字化学习的发展方向和相关保障措施；2002 年，美国总

统布什在《不让一个孩子掉队》的教育报告中明确提出，要将数字化学习提升到较高的地位，同时要求美国各州学校要通过信息技术提高学生的学习能力，将数字化学习方式作为美国教育信息化的一个新战略。其他国家也提出了相关法律法规，如德国专门制定了《远程教育法》，其中对远程教育资源开发有明确的要求和规定；日本《终身学习法》也提到，学校尤其是大学需要尽可能打开门户和教育资源，提供成人学习的便利条件。

（二）投入大量财力物力到数字化教学资源的建设上

英国十分重视数字化资源的建设，该国教育与技能部曾经公布的一份数据显示，自1997年起，英国用于学校信息通信技术方面的财政支出已超出50亿英镑，现如今英国已经搭建起完备的信息化基础设施以及相关技术支持体系。为促进数字化资源的有效应用，促进教师使用数字化教育资源，政府还搭建了多种数字化资源教育平台，以便教师更快更好地获取数字化教育资源，满足信息化教学的需要。美国也曾在1998年投入510亿美元，目的让每一位美国公民都能借助信息技术手段进行终身学习。

（三）重视对教师的信息技术能力提升培训

日本通过各种措施增加对教师的信息技术能力培训，如开设职业教育课程，提高师范教育专业学生和学校教师的信息技术运用能力。美国增加高校教师的信息技术考核，以促进教师的信息技术水平不断提高。

（四）注重数字化教学资源建设规范

有关国外数字化教育资源建设的标准化组织有很多，其中影响力较大的属于美国大学校际交流委员会，该组织提出了学习资源元数据规范，除此之外，国际电气和电子工程师协会成立的学习技术标准委员会制定了学习对象元数据标准。

综上所述，面对数字时代发展大背景，教学资源体系建设的数字化发展必须要在人力、物力、财力、技术等层面予以强有力的支持，从而方可确保当今时代新型学习方式能够拥有强大的资源保障，从而方可为学生自主从事学习活动提供强有力的支持和服务条件。

二、明确优化相关理论的实践路径

（一）提升高校数字化教学资源的推行力，增强资源管理

高校管理部门要从整体上规划数字化教学资源的建设与应用，充分发挥各个部门的资源建设优势，完善管理机制，组建资源管理机构，形成统筹管理部门，协调部门工作，对院校各个管理部门进行合理分工和定位，确立数字化教学资源统管部门。要根据实际发展情况，高校之间定期组织数字化教学资源建设交流协作活动，利用各种形式进行交流协作，重视部门、校际的协作交流，采用观摩学习等形式，形成地域性数字化建设力量，如交流会议、教师集中培训等，加强高校与本地同等教育阶层合作；建设多个应用平台，如教务管理平台、网络教学平台等，实现分层、分模块管理，保证资源可获得性；完善数字化硬件环境。保证各平台间的自主性和独立性，实现各平台间的相互可操作性和共享性；同时要大力提高高校自主开发资源的比例，开发多样化资源建设方式，挖掘高校特色资源，通过传统资源数字化整合编辑网络资源等方式使资源更具特色。而在校企合作项目中，企业要为学校提供属于数字化教学资源的教学材料，高校应该提升对企业提供资源的整合，强化行业企业参与高校数字化教学资源的建设，提升资源的适用性。高职院校要结合专业特点，不断提升学生的学习兴趣，将抽象内容具体化，通过用户多元化视角，为使用者提供多样的检索方式，开发视频类、动画类等多种感官刺激类资源。高校要建立一定的激励机制，多措并举，切实调动资源建设力，通过组织院校或区域性质的信息技能竞赛，提升教师荣誉感，同时给予一定技术和资源建设成果的展示平台，调动教师提升自身信息素养和开发数字化教学资源的热情。通过各种方式提升教师参与数字化教学资源建设的积极性，如将教学资源开发与职称评定挂钩、优质资源申报立项给予经费支持等。另外，要形成知识产权保护机制，积极组织校本培训或兄弟院校合作培训，加大校本培训和推广力度，重视培训结构的反馈，根据反馈逐步调整培训计划和培训方式。

（二）提升教师信息素养和资源建设力，转变学生学习模式

现代教育信息化改革的方向决定了数字化教学和学习已成为教育主流，教师的信息技术素养能引导学生学习方式的转变和满足现代化教学的需要。因此，首先，高校教师应该着力自身信息技术素养的形成，掌握现代教育技术，适应现代职业教育的发展，不断提升信息收集、分析、处理和运用能力，注重

信息道德、信息技术与教学整合意识的培养。高校教师的信息素养关系到资源的质量和规范程度，因此高校教师的信息素养要有自我提升的内驱力和环境的外驱力，如提高通过网络学习提升技能的自觉性、提升参与升级和校本信息技术培训的积极性等，促进数字化教学资源的建设和应用。其次，为了将整合资源融入个性化教学设计，高校教师应该转变资源观念，积极尝试现代化教育手段，不过分依赖于网络现成资源，不盲目排斥数字化教学资源，提升资源的质量和教学适用度，做到与传统教学的有机融合。进入终身学习社会之后，自主学习习惯的养成至关重要，而数字化学习为个人素质提升提供了可能性，时时学习、处处学习成为对每一位社会人的要求，学习者可以根据自己的专业爱好发现拓展学习空间和社会实践。目前，由于学生的学习观念转变较慢，高校学生对教学资源的利用率低，虽然信息化环境日益改变着人们的生活和学习方式，但是作为数字化教学资源最大的受益者，学生的习惯转变仍需要过程。因此，最后，为了使学生形成多渠道的学习方式，高校教师应该充分发挥学生学习模式转变的引导作用，而学生应该积极养成自主学习习惯，改变对教材教师的依赖性，充分利用数字化学习资源，提升学习效率。

第三节 本章小结

本章的观点阐述主要明确指出了在数字时代背景下教学资源体系建设与发展的初衷，但是其视角却有着明显的改变，无论是在资源应用还是管理方面都具有极强的实用性，并且能够为完善当前教学资源管理理论提供重要的推动作用，具体观点可以总结为以下三方面。

一、学生学习支持服务资源的有效应用

在数字时代背景之下，教学资源建设与发展是否合理显然需要通过实践过程来客观说明，从而不仅验证相关理论可优化、可补充的空间，同时还能彰显出教学资源体系建设与发展的实用价值。为此，在实践中进行学生学习支持服务资源的有效应用自然成为检验研究成果的关键环节。

（一）完整的学生学习支持服务资源应用流程

教育资源在学生学习过程中发挥出强大的支持与服务作用必须要有一系列

前提条件作为支撑，最关键也是最重要的前提条件就是应用流程要高度完整。具体而言，就是教学资源从开发、设计环节到获取、加工环节，再到应用与评价环节都必须通过规范的操作行为来实现，由此方可确保新技术为学生学习活动提供强有力的支持与服务，确保各种类型学习活动始终维持在高质量状态之中。

（二）全新的学生学习支持服务资源应用方式

在数字时代背景下，教学资源的应用方式显然与以往相比存在明显的不同，最为明显的体现就是不再单纯依靠多媒体设备向教育对象传递学习资源，而是通过先进的教育技术，为学生营造良好的学习环境，并通过新媒体设备将学习资源传递给学生，从而达到与学生进行深度互动，激发学生主动学习的欲望，最终实现深度学习的目的。在此期间，无论是在资源的处理方面，还是在资源的呈现方面都应表现出全面支持和服务学习的理念。

（三）强有力的学生学习支持服务资源应用效果保障条件

在学生学习支持服务资源的应用过程中，应用效果必须做到不断提升，由此方可确保学生学习质量的可持续提高。在这里，客观的评价活动无疑成为关键中的关键。具体而言，应该以过程性评价的方式，针对应用过程和效果进行全方位评价，让数字时代背景下的教学资源体系建设与发展始终能够明确学生渴望什么，进而来保障教学资源本身在学生学习中的支持与服务作用保持最大化。

二、学生学习支持服务资源的有效管理

教育资源体系的建设与发展道路中，建设主要体现在资源体系的完善与优化方面，而发展则更多的是体现在资源管理方面，管理处于高质量状态之下，必然会确保教学资源发展的可持续性。在数字时代背景下，现代化的资源管理技术已经趋于成熟，能够为有效管理学生学习支持服务资源提供强有力的保证。

（一）学生学习支持服务资源设计与开发视角的全方位

在数字时代背景下，现代技术的应用无疑为教育资源体系建设提供了更为广阔的发展空间，资源本身的创新性和丰富性可以得到全面增强，进而确保教学资源的开发能够以学生学习具体需求为中心，甚至能够形成个性化定制，以

此来满足在不同学习路径下，全面支持和服务学生学习过程，让学生学习兴趣能够得到充分激发的同时，还能做到长时间保持。

（二）学生学习支持服务资源存储与输出路径的高度规范

资源存储与输出是否在规范的操作下进行，必然会直接影响到资源使用率和使用效果，教育资源体系建设与管理显然也不例外。在数字时代背景下，云存储技术显然优化教育资源存储路径和操作流程，同时在资源输出方面有更为明确的操作规范，所以能够为学生学习过程提供优质的资源服务，全方位支持学生学习过程。

（三）学生学习支持服务资源生命周期形成闭环

教学资源是否能始终发挥促进学生自主学习，为其学习全过程提供强有力的支持与服务作用，关键在于资源自身的适用性、创新性、丰富性的不断提升。为此，教育资源管理体系运作过程中生命周期管理流程作用自然极为重要。在数字时代背景下的学校教育和远程教育活动中，学生学习支持服务资源管理体系建设中，大数据技术和云计算技术的应用已经成为必然，所以在资源生命周期管理上能够形成闭环，可以避免使用率较低、资源类型和适用性不强的资源第一时间进行清理，为资源优化和资源创新提供强大的存储空间。

三、教育资源管理理论的深度完善

本书明确指出了数字时代背景下的教学资源体系建设与发展必须颠覆以往，必须高度体现教学资源本身的适用性、全面性、创新性，由此方可确保学生在学习过程中始终受益，让学习变得更加积极主动。对此，教学资源体系建设与发展的视角虽然颠覆以往，但是初衷并没有发生改变，所以在新视角的作用下，本书中所阐述的观点必然会推动教育资源管理理论的深度完善。

（一）国际社会相关法律法规对教育资源管理理论的补充

随着时代发展步伐的不断加快，教育在推动时代发展中的作用性愈加强大，这一观点已经得到国际社会的高度认同，全面提高教育质量成为国际教育领域中的共识所在，对此全面支持和服务学生学习成为学术界普遍关注的重点，国际社会正在不断强化相关政策，并不断加大投入力度，从新技术的全面应用入手，不断增强教育资源体系的完善度和优化程度，这显然在教育资源管理理论方面形成了重要补充，确保教育资源管理理论在数字时代的理论指导作用更为强大。

（二）相关理论的实践性得到明显提升

众所周知，任何一项实践活动都需要有完善的理论作为支撑，用理论去指导实践过程，实践过程则是将相关理论加以验证，进而方可从中找出最为理想的实践方案。在本书的研究与创作过程中，教学资源体系的建设高度满足数字时代发展所提出的新要求，确保现代技术能够为教学资源体系建设与发展提供强有力的技术支持，全面提高教学资源丰富性、创新性、实用性的同时，还能确保教学资源本身的应用效率达到最大化，这无疑是资源管理相关理论提出的最终目标，在本书创作正是以这些理论目标全面实现为根本宗旨，因此本书所提出的观点能够全面提升教学资源管理相关理论实践性。

（三）教师信息素养和资源开发能力的全面增强

在本书的创作过程中，明确体现了新技术在数字时代背景下教育资源体系建设与发展中应用的重要性，这也充分说明每一位教育工作者在应用教育资源的过程中，自身必须具备过硬的信息素养，同时还要兼具较强教育资源开发能力，由此才能确保教育资源更好的支持和服务学生学习，助其成为全面发展的人，而这也是数字时代大环境对教育工作者提出的一项新要求，也是一项极为基本的要求，参考本书所阐述的观点势必会为广大教育工作者达到上述要求带来一定帮助。

结　论

综合本书中阐述的观点，可以看出数字时代为教学资源建设带来了前所未有的发展机遇，也为学生学习支持服务提供了前所未有的发展契机。但是，在数字信息时代背景之下，学生参与学习活动也有了更高的需求层次，这也对教学资源建设和学习支持服务质量的全面提升提出了更严峻的挑战。具体表现在以下四个方面。

第一，学习资源支持服务方面，多样性和实用性要长期保持并存的状态。学习资源的多样性意味着资源类型较为丰富，并且始终能够处于创新发展的状态。但是，过于追求学习资源的创新忽视其实用性，必然会导致学习资源并不能具备极强的应用价值，学习资源对学生的学习支持服务作用也不会理想。因此，在数字时代背景下，教学资源建设必须做到多样性和实用性，必须做到长期并存，由此方可确保学习资源支持服务的效果始终处于达到甚至超出预期目标的状态。

第二，人员支持服务方面，适时性的引导和启发应作为重中之重。教师是组织教学活动并根据学生学习状况有效调整学习策略的主体，但绝不是学生学习过程中的主体。因此，在数字时代背景下教学资源建设过程中，应在人员支持服务方面考虑到教师教学引导和启发的适时性，确保学生能够主动接受学习资源，并能有效将其加以利用，进而从中得到更多的收获，带领学生进入到自主学习、高效学习、深度学习的状态之中。

第三，教学资源管理支持服务方面，教学资源周期管理应作为提高学习支持服务的根本保障。有效开展教学资源管理活动是确保学生学习资源整体质量的关键所在，也是教师有效提供学习资源支持服务、人员支持服务、学习环境支持服务的根本保证。在此之中，最为关键的一环就是针对学习资源的生命周期进行有效管理，确保教学资源设计、开发、存储、传输、应用、加工与创新、清理工作的有序进行，永保教学资源应用效率和应用效果的理想化。

第四，学习环境支持服务方面，交互性要作为学习支持服务的重点关注对象。理想学习环境的构建显然离不开多方面学习支持服务条件的协同作用，但在远程教育活动中，由于"教"与"学"的形式与传统教学活动形式之间存在明显不同，所以在学习环境支持服务方面，应该注重交互性的不断增强，要立足已选定的学习资源、已设定的互动话题、已确定的生生合作探究项目，将学习自主权切实归还于学生，适当结合学习资源和学习情况为之提供相应的引导和启发，进而方可为学生建立一个良好的学习环境，让学生充分体会到学习环境支持服务的质量。

参考文献

[1] 汪继平. 网络教育学习支持服务实践 [M]. 北京：中国铁道出版社，2012.

[2] 冯双鹏，谭惠苓. 网络环境下现代远程教育教学模式改革与学习支持服务体系建设研究 [M]. 沈阳：沈阳出版社，2006.

[3] 王彤. 中国高等英语网络教育学生支持服务生态体系建模研究 [M]. 北京：外语教学与研究出版社，2009.

[4] 张剑平，陈仕品，张家华. 网络学习及其适应性学习支持系统研究 [M]. 北京：科学出版社，2010.

[5] 著曹艺. 高校在线开放课程教学资源建设的实践探索 [M]. 成都：四川师范大学电子出版社，2015.

[6] 江苏省 OEH 开放实验室. 数字化学习与学习化社会 "教育信息资源网络建设对策研究" 阶段成果 [M]. 上海：百家出版社，2002.

[7] 章苏静. 数字化教学资源管理 [M]. 北京：科学出版社，2008.

[8] 李燕梅，舒清录，司飙. 基于网络环境下的教学资源应用与开发研究 [M]. 武汉：武汉大学出版社，2014.

[9] 赵呈领，王忠华，黄海军. 多媒体教学资源设计与开发课程设计 [M]. 北京：清华大学出版社，2015.

[10] 封红旗，王娟琳，江一山. 数字化网络教学资源应用 [M]. 北京：清华大学出版社，2011.

[11] 张一春. 高校数字教学资源共建与共享 [M]. 南京：南京师范大学出版社，2013.

[12] 丁东澜. 资源共享的开放教学模式 [M]. 杭州：浙江大学出版社，2008.

[13] 郑茗元，汪莹．网络环境与大学英语课程的整合化教学模式概论 [M]．北京：中国水利水电出版社，2015．

[14] 余胜泉．教学资源的设计与开发 [M]．北京：中央广播电视大学出版社，2011．

[15] 张洋．网络信息资源开发与利用 [M]．北京：科学出版社，2010．

[16] 李鸣华．资源重组与共享：网络环境下教师教育的新思路 [M]．北京：科学出版社，2009．

[17] 张华．现代教师教与学 [M]．北京：科学出版社，2014．

[18] 袁昱明．网络教育资源平台的理念、原理与技术 [M]．北京：科学出版社，2010．

[19] 肖君．教育资源库使用效益评估模式及其实证研究 [M]．上海：上海交通大学出版社，2014．

[20] 黄景碧，朱汝葵．网络远程教学资源设计开发 (化学)[M]．北京：清华大学出版社，2007．

[21] 彭洁．英国开放大学远程教育学习支持服务系统研究 [D]．成都：四川师范大学，2020．

[22] 刘志慧．联通主义视域下 MOOC 学习支持服务优化模型的研究及应用 [D]．吉林：北华大学，2020．

[23] 陈劲良．智慧校园下个性化学习支持服务研究 [D]．上海：上海师范大学，2020．

[24] 李幸．基于教育数据挖掘的远程教育个性化学习支持服务研究 [D]．无锡：江南大学，2018．

[25] 付怡．"Chinesepod""CCTV Learn Chinese""网络孔子学院"远程对外汉语教学学习支持服务系统对比研究 [D]．昆明：云南大学，2018．

[26] 白倩．混合学习视域下视觉文化课程学习支持服务研究 [D]．南京：南京师范大学，2018．

[27] 骆昌日．在线学习论坛学习支持服务若干技术研究 [D]．武汉：华中师范大学，2017．

[28] 冀旭．美国康涅狄格大学网络教学社区建设的借鉴与启示 [D]．保定：河北大学，2017．

[29] 韦庆昌．面向知识服务的在线教学平台资源组织优化研究 [D]．无锡：江南大

学，2019.

[30] 张静. 数据可视化在教学资源库建设中的运用研究 [D]. 苏州：苏州大学，2019.

[31] 方兵，杨成. I- 时代的高校信息化教学资源建设探析——以开放大学为例 [J]. 远程教育杂志，2013,31(6):88-94.

[32] 刘怀金，聂劲松，吴易雄. 高校数字化教学资源建设：思路、战略与路径——基于教育信息化的视角 [J]. 现代教育管理，2015(9):89-94.

[33] 罗长礼，魏宝丽. 现代远程教育学习支持服务现状研究 [J]. 教育教学论坛，2020(8):179-180.

[34] 冯欣，王迪. 协同创新式共享教学资源建设模式探索研究 [J]. 计算机产品与流通，2020(2):212.

[35] 周康，刘建清. 2009—2019 年我国远程学习支持服务研究的回顾与展望——基于知识图谱及文献可视化分析 [J]. 中国成人教育，2020(4):11-18.

[36] 王宁邦. "互联网 +"背景下教师教育网络教学资源建设与应用——以 Y 大学为例 [J]. 中国教育信息化，2020(5):41-45.

[37] 苏杨娜. 基于数据库的远程开放教育非学术支持服务的系统评价 [J]. 湖北开放职业学院学报，2020,33(4):68-70.

[38] 刘晓彦. 浅析教学信息化背景下高校数字化教学资源建设 [J]. 中国管理信息化，2020,23(7):228-229.

[39] 李继梅. 首都市民远程学习支持服务体系建设之路 [J]. 中国高等教育，2020(Z1):64-66.

[40] 孙田琳子，石福新，王子权，等. 教育资源的建设、应用与反思 [J]. 中国电化教育，2020(6):130-146.

[41] 李宝英. "互联网 +"下高职教育在线教学资源建设探讨 [J]. 太原城市职业技术学院学报，2020(5):61-63.

[42] 殷勤，肖伟平. 高职院校数字化教学资源建设实践探索 [J]. 中国教育技术装备，2020(2):57-59，62.

[43] 王新雷，谢静思，杨桂娟. 现代远程教育校外学习中心学习支持服务能力提升的策略研究 [J]. 工业技术与职业教育，2020,18(3):107-109.

[44] 李蒙蒙，张璐. 云计算对高校信息化教学资源建设的影响 [J]. 农村经济与科技，2020,31(16):269-270.

[45] 赵志群，黄方慧．德国职业教育数字化教学资源的特点及其启示 [J]. 中国电化教育，2020(10):73-79.

[46] 季倩．"互联网+"视野下的数字化教学资源建设——以"设计基础"课程为例 [J]. 设计艺术研究，2020,10(5):82-85，101.

[47] 肖源，张茂林．学习通用设计下视障学生学习支持服务需求调查 [J]. 湖北开放职业学院学报，2020,33(19):161-162，165.

[48] 张传远．民办高职院校学习支持服务系统协同机制研究 [J]. 大众标准化，2020(22):59-61.

[49] 龙嘉，王昌金．技术融合视角下移动学习支持服务的技术路径研究 [J]. 当代职业教育，2020(6):104-110.

[50] 蒋丹．"互联网+"时代构建现代远程教育学习支持服务体系的研究 [J]. 中国管理信息化，2021,24(01):234-236.

[51] 刘浩．基于大数据的现代远程教育学习支持服务系统研究 [J]. 文化创新比较研究，2020,4(33):14-16.

[52] 曹婷，许柏琳．日本放送大学学习支持服务现状及启示 [J]. 当代职业教育，2021(1):106-112.

[53] 何如珍．远程开放教育学习支持服务研究——以山西广播电视大学阳泉分校为例 [J]. 广西广播电视大学学报，2020,31(6):54-56.

[54] 陈晓慧，张天琪，陈慧颖．学科交叉视域下学习支持服务内涵与外延研究——基于图书馆学与教育技术学融合视角 [J]. 情报科学，2021,39(1):81-89.

[55] 王学珍．提高学习支持服务水平：意义、内容与实现路径 [J]. 创新创业理论研究与实践，2021,4(4):182-184.

[56] 周晖，孙雨薇．开放大学学习支持服务策略框架的构建与实施 [J]. 开放学习研究，2021,26(3):9-16+27.

[57] 宋玲琪．远程开放教育学习支持服务模式研究 [J]. 电脑知识与技术，2021,17(23):235-236.

[58] 王慧，林海华，莫淑坤．智慧学习环境下远程高等教育学习支持服务评价研究 [J]. 内蒙古师范大学学报 (教育科学版)，2021,34(4):75-81.

[59] 孙朝霞，陈丹燕．现代远程教育学习支持服务研究述评 [J]. 职教论坛，2021,37(10):113-120.

[60] 张艳红．开放大学远程开放教育教学支持服务的现状以及存在的问题分析

[J].科学咨询(科技·管理），2021(10):118-119.

[61] 谭林海.基于云计算的教学资源管理模型设计[J].软件，2014,35(6):97-99.

[62] 盛东方，刘友华.基于自组织理论的数字教学资源管理研究[J].现代情报，2012,32(1):20-24.

[63] 狄海廷，董喜斌，李耀翔，等.高校虚拟教学资源管理平台建设及运行机制研究[J].成都师范学院学报，2018,34(10):11-15.

[64] 王兴芬，孙彦超.云计算模式下教学资源管理平台的研究与建设[J].中国教育信息化，2016(23):55-57.

[65] 袁韬.云计算对高校信息化教学资源建设的影响探究[J].中国教育学刊，2015(S2):175-176.

[66] 李红卫，田为，李紫薇，等.刍议贵州电大现代远程教育教学资源库的建设[J].贵州广播电视大学学报，2014,22(4):12-15.

[67] 静炜.国际中文在线教育及在线教学资源建设的创新与发展[J].国际中文教育(中英文)，2021,6(4):3-6.

[68] 刘海霞."互联网+"背景下行业英语教学资源建设的研究[J].中国职业技术教育，2017(2):58-63.

[69] 孙宁，马宁.优质教学资源建设的共享取向与策略[J].东北师大学报(哲学社会科学版)，2016(6):224-229.

[70] 吴丽颖，刘翀，赵宁.医用化学课程线上教学资源建设与教学实践[J].科技风，2021(21):43-44，72.

[71] 侯霞，郝保水，崔展齐.基于COOC和知识图谱的在线教学资源建设新模式[J].计算机教育，2019(3):89-91，97.

[72] 嵇海波.高校网络教学资源建设及管理机制研究[J].无线互联科技，2021(1):163-164.

[73] 孙宁.优质教学资源建设的整合要因与取向[J].东北师大学报(哲学社会科学版)，2014(4):168-171.

[74] 罗剑，邢翠，聂鑫.混合式教学模式下Web前端技术教学资源建设研究[J].软件导刊，2021(7):198-201.

[75] 解文明，欧少闽，张伟山，等.建立高校数字教学资源建设激励和评价机制的探索[J].现代教育技术，2012，22(8)59-61.

[76] 曹博.智能化远程教育资源共享平台设计[J].电子设计工程，2021,29(13):151-

154，159.

[77] 胡燕．一种基于云计算技术的远程教育资源共建共享模型研究 [J]. 信息技术与信息化，2021(11):219-221.

[78] 文书锋，孙道金．远程学习者新媒体使用偏好分析——以"网上人大"为例 [J]. 继续教育研究，2018(3):85-89.

[79] 赵呈领，李敏，疏凤芳，等．在线学习者学习行为模式及其对学习成效的影响——基于网络学习资源视角的实证研究 [J]. 现代远距离教育，2019(4):20-27.

[80] 杨娟，宋晓玲，乔兴媚．自主在线学习环境下学习行为与学习风格偏向性的关联分析研究 [J]. 中国远程教育，2017(10):47-54，79-80.

[81] 黄苗，张军儒，于梅英，等．远程教育视频教学资源对学习者参与度的影响研究 [J]. 中国教育技术装备，2021(20):24-26，40.

[82] 于冰洁．"互联网 + 教育"背景下远程教育学习支持服务的优化 [J]. 安徽广播电视大学学报，2021(1):26-29.

[83] 何宇媚，阮银兰，邹伟．智慧学习环境下远程教育个性化学习支持服务模式探索与实践——以广东开放大学"网络金融"课程为例 [J]. 广东开放大学学报，2021,30(3):1-6.

[84] 邓幸涛．建设·应用·共享——"开放大学课程教学资源建设论坛"综述 [J]. 中国远程教育（综合版），2011(3):5-9.

[85] 王秀珍．浅析远程教育资源在数学课堂教学中的运用 [J]. 山西青年，2021(9):89-90.

[86] 郭庆春，李静，寇立群．移动学习的教学资源建设研究 [J]. 陕西广播电视大学学报，2014(3):13-17.

[87] 张娜，朱斌，沈伟，等．提高远程教育教学支持服务质量的实践探索 [J]. 重庆广播电视大学学报，2010(5):10-12.

[88] 张宏．远程教育与移动互联网络技术教学的融合思考 [J]. 科教导刊，2021(22):17-19.

[89] 张艳红，颜绍梅，张春艳．远程开放教育教学支持服务的需求性分析及对策——以云南开放大学远程教学平台为例 [J]. 云南开放大学学报，2021,23(4):8-9.

[90] 孙宁，孙晨．基于教学资源建设的新媒体环境解析 [J]. 新媒体环境，

2013(7):91−95.

[91] 苗楠."互联网+"背景下课程常用数字化教学资源建设与应用研究——以"移动端手机 UI 界面设计制作"课程为例 [J]. 电脑知识与技术，2021(4):119-120.

[92] 顾文瑾. 混合式教学模式下数字资源库的建设研究——以"电子商务实务"课程为例 [J]. 河北农机，2021(18):2−3.

[93] 奚一飞. 数字化教学资源建设策略研究 [J]. 探索科学，2021(1):116−117.

[94] 李宇. 数字化教学资源建设在机械测量技术课程中的应用研究 [J]. 现代职业教育，2021(17):170−171.

[95] 邓玉，程军安. 智慧教育生态培育的数字化教学资源联动建设 [J]. 教育科学论坛，2021(5):41−43.

[96] 陈钡，伍远岳. "可循环使用性"数字化教学资源开发模式初探 [J]. 电脑知识与技术，2021(23):187−188.

[97] 张亮. "互联网 + 教育"背景下数字教育资源建设的现状分析 [J]. 无线互联科技，2021,18(22):2−3.

[98] 宗敏，韦怡彤，潘静，等. 数字校园建设对大规模在线教学的支撑能力研究——以湖北省为例 [J]. 中国电化教育，2021(3):7−8.

[99] 张虹，张薇，刘博. 新型混合学习模式下"微学习"数字化资源建设及其效用评价研究 [J]. 吉林化工学院学报，2021,38(4):4−5.

[100] 罗锦光，苏锦. "互联网 + 教育"背景下数字化教育资源于学习环境建设研究与实践 ——以"移动应用交互设计"课程为例 [J]. 科教导刊：电子版，2021(15):2−3.

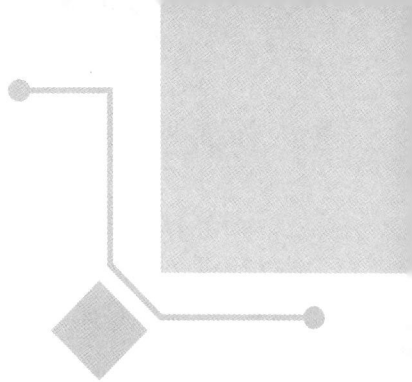

附录一：课堂教学活动教学资源应用方面的学生调查问卷

亲爱的同学！

你好！

由于当前我校正在进行关于"远程教育学习支持服务质量"方面的研究活动，特此进行此次问卷调查，恳请您用几分钟时间帮忙填答这份问卷。本问卷实行匿名制，所有数据只用于统计分析，请您放心填写，在所选答案下画√即可。题目选项无对错之分，请您按自己的实际情况填写，在此感谢您的帮助，具体题目与选项如下。

1. 在传统课堂或新型课堂教学中教学资源特征是什么？

A. 节选教辅材料　B. 视频和图片　C. 均包括

2. 在传统课堂教学中教学资源应用方式是怎样的？

A. 自己体会　　　B. 教师明确　　C. 教师引导与启发

3. 在传统课堂教学中教师对教学资源有进行处理吗？

A. 直接使用　　　B. 专业处理　　C. 简单处理

4. 在新型课堂教学中教学资源应用方式是怎样的？

A. 自己体会　　　B. 教师明确　　C. 教师引导与启发

5. 在新型课堂教学中学习资源主要体现在哪些环节？

A. 情境创设　　　B. 师生互动　　C. 生生合作

6. 在传统课堂教学中对教学资源应用的满意度如何？

A. 非常满意　　　B. 比较满意　　C. 不满意

7. 在新型课堂教学中对教学资源应用的满意度如何？

A.非常满意　　　B.比较满意　　C.不满意

8.对传统课堂教学活动教学资源应用情况还有哪些看法？

9.对新型课堂教学活动教学资源应用情况还有哪些看法？

_____

_____

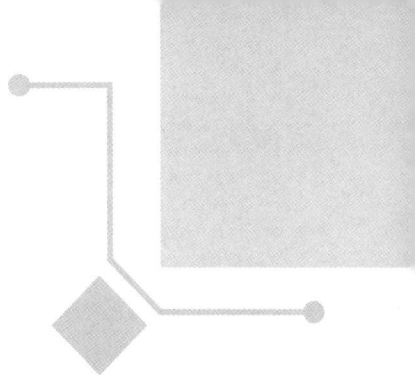

附录二：教学资源应用方面的教师访谈提纲

尊敬的教师！

您好！

由于当前我校正在进行关于"数字时代教学资源与学习支持服务质量"方面的研究活动，特此开展此次教师访谈活动，恳请占用老师一些宝贵时间，针对自己远程教育中学生学习支持服务的主要操作流程，以及有关想法加以分享。此次访谈活动不记录真实姓名，所有数据只用于统计分析，请您放心交流，题目本身无具体的对错之分，请您按自己的实际情况进行表述，在此感谢您的帮助，具体访谈题目如下。

问题1：课堂教学资源选择的途径包括哪些？

回答：_____

问题2：课堂教学资源应用之前的处理方法主要包括什么？

回答：_____

问题3：课堂教学资源的主要应用方式体现在哪些方面？

回答：_____

问题4：远程教育中教学资源获取的途径是什么？

回答：_____

问题5：远程教育中教学资源应用前的处理方式和应用方式是什么？

回答：_____

问题6：教学活动中教学资源应用的满意度如何？

回答：_____

问题7：在学习支持服务中对教学资源建设方面有哪些看法？

回答：_____

附录三：远程教育教学资源应用方面学生网络调查问卷

亲爱的同学！

你好！

由于当前我校正在进行关于"远程教育学习支持服务质量"方面的研究活动，特此进行此次网络问卷调查，恳请同学用几分钟时间帮忙填答这份问卷。本问卷实行匿名制，所有数据只用于统计分析，请您放心填写，在所选答案下画√即可。题目选项无对错之分，请您按自己的实际情况填写，在此感谢您的帮助，具体题目与选项如下。

1. 你认为远程教育中教师使用教学资源的方式是什么？

A. 自己体会   B. 教师明确   C. 教师引导与启发

2. 你认为远程教育活动中教师学习资源处理的方式如何？

A. 直接使用   B. 专业处理   C. 简单处理

3. 你认为远程教育活动中教学资源应用的主要环节包括什么？

A. 创设情境   B. 师生互动   C. 生生合作

4. 你认为远程教育活动中教学资源应用的满意度如何？

A. 非常满意   B. 比较满意   C. 不满意

5. 你认为最理想的远程教育学习环境是怎样的？

A. 混合学习环境   B. 慕课学习环境

6. 你认为在远程教育活动中与教师和其他学习者的交互程度如何？

A. 非常密切   B. 不明显   C. 很难实现有效交互

7. 你对远程教育教学资源的使用情况还有哪些真实的感受？

_____

_____

后　记

　　本书明确阐述了数字时代信息资源建设对学生学习支持服务所起的作用，并且明确该时代背景下教学资源建设所提出的新要求，以及学生学习支持服务全面提升质量必须关注的重点。笔者在完成本书的创作后再度进行反复斟酌，将数字时代教学资源建设的总体要求进行深入分析，发现其初衷亘古不变，教学资源开发与设计的理念应始终保持与学生学习需要相一致。为此，在今后的教学实践与研究活动中，除本书中所提出的观点外，还应注重以下两个方面。

　　第一，学习资源不仅要做到适用和实用，还要突出好用。在数字时代背景下，教学资源建设虽然已经处于极为理想的时代背景之下，但教学资源设计与开发依然要在注重适用性与实用性的同时，还要注重资源切实好用，能够充分满足学生学习活动中不断提出的新要求。具体而言，就是教学资源设计与开发的视角要结合数字时代发展的新特征，将虚拟现实资源作为学生学习资源创新的主要视角，如 VR 全景照片、全景视频等，让学生能够通过虚拟现实设备沉浸在更为真实的学习环境之中，由此带动学生以最快的速度进入到自主化、高效化、深层次的学习状态之中，为学生提供更为高质量的学习支持服务。

　　第二，教学资源管理要始终保持以先进的科学技术为载体。数字时代为科学技术的发展提供了前所未有的时代契机，科技创新也成为我国全面建设中国特色社会主义现代化国家的核心动力，一系列先进技术正在从无到有，并在各个领域中已经得到了成熟运用，"大数据""云计算""云存储"等都是当今时代科学技术的代名词，随着数字时代发展进程的不断加快，AI 人工智能技术等都必将成为教学资源管理技术的新重点，为教学资源管理提供更为智能化和人性化的服务，这些显然都是全面提升教学资源管理，带动学生学习支持服务质量全面提升的有力抓手。